解決志向

介護コミュニケーション

短期療法で家族を変える

長谷川啓三 編著

誠信書房

解決志向介護コミュニケーション——短期療法で家族を変える　目次

【コラム】介護をめぐる事件──私ならこう解く

本文イラスト　原　彩香

はじめに　あっ、靴は自分で履ける！

踵を踏まないで運動靴を履かせるには？

ある認知症の高齢者が自分の運動靴の踵を踏み、スリッパ状態で履いていました。外出時や階段の昇降時の危険を予想して、優しいヘルパーさんが毎回座らせてはそれを正しく履かせます。住んでいる古い家の構造上、そんな作業が多く要求されました。しかし、高齢者にとっては座るのも立つのも一大事ですし、ヘルパーさんにとっても手のかかる身体的介護の一部になっています。さて、読者のみなさんならどうされるでしょうか。

あるケースでの成功例を漫画で示した後、説明してみます。このケースでは、「例外《エクセプション》」を利用するとサッと自分で履けました。

コミュニケーションによる行動の相互拘束

高齢者は毎日、家族に体のどこかの不調を訴えるものです。「腰が痛い→どこが痛いの?→頭も痛くて……→大変ねぇ、風邪かなぁ→脚はどう?」などと、家族はその不調さを詳細に聞くことになるかもしれません。ふつう、高齢者に「腰が痛い」と言われて、「踊りだす」という反応はとりません。それなりの反応を返すものです。この現象を「言語による行動の拘束」と呼びます。

「任意のメッセージは、その受け手の反応の選択幅を制限する」[1]

コミュニケーションとは、言語による、そんな行動の相互拘束のことです。筆者らの研究室ではG・ベイトソンらの研究の流れを受けて、この考えに基づいた研究を進めています。

さて前記のような高齢者との毎日のやりとり、つまり相互拘束をときには次のように破ってみます。「腰が痛い。そう! じゃあ、今までで一番痛かったときと比べて、どう?」「体のほかのところで調子のいいところはある? ほんの少しでも。どう?」というように聞き返してみるのです。意外に「最悪のときほどではない」や「昨日よりはまし」「右腰はそれほど痛くない」といった回答が得られるのに、驚くでしょう。これを「例外」を探る質問・会話といいます。問題が起きていない「例外」のときを探るという意味です。そんな回答が得られたら、次に「すごーい! じゃあ、体のこっちのほうで調子がいいところは?」と聞いてゆくと、意外にそんな「例外の連鎖」が起きることがあります。否定的な回答もあるでしょうが、それらはいわば無視してしまって、「例外」の探索を試みてみましょう! すると、意外な展開になることが認知症の高齢者にさえ、よく生じるのです。この方法は「解決志向アプローチ」と呼ばれ、筆者らが一九八六年に、わが国に最初に紹介したものですが〔2〕、自然な拘束を「再拘束」するのを原理としています。臨床心理学分野では現在、若いセラピストを中心にブームのような広がりをみせています。

非言語で作る「例外」

「解決志向アプローチ」の会話は、いわゆる「言葉」の領域にだけ成立するものではありません。むしろ、非言語の領域でよく観察されます。冒頭の踵踏みのケースはその一つです。

【解決事例 1】——踵を踏んでしまう運動靴を「例外」を使ってサッと履かせる

認知症と診断されたテル子さんは、いつも自分の運動靴の踵を踏み、スリッパ状態で履いていました。これは外出時や階段の昇降時に危険であり、正しく履かせることはヘルパーさんにも手のかかる介護でした。

そんなときです。テル子さんがどんな必要があったのか、窓の格子につかまって自分で踵の返しを正常にして履いたのです。一瞬の出来事でした。テル子さんは左足で立ち、右足の膝を後ろに曲げて、サッと履きました。次は反対足です。これもサッとやってのけたのです。この一瞬の出来事に家族は驚きました。そこで、翌日このやり方をヘルパーさんの前でやらせてみました。いったい、繰り返せるでしょうか。

テル子さんは見事にサッと履きました。みな一同に拍手！　以降、今日までこの問題は解けてしまい、いつもうまくいっています。格子のような縦棒につかまらせるのが、そんな「例外を支える条件」になっています。

高齢者にも有効な、逆説的なコミュニケーション（パラドックス）

不安がもとで先へ先へと心配事をしては、繰り返し介護にあたる人に執拗に「自分は大丈夫か？」と聞くことがあります。不安神経症と呼ばれる問題の主症状ですが、高齢者にもよくみられます。

清さんは、「財布がない、米は炊いてあるか、自分は薬は飲んだか」と言うのが三大テーマとなっていました。これを毎日何度も繰り返します。繰り返し家族に聞き、返答を期待するのです。ちょっと試してみればわかりますが、同じことを間を置かずに執拗に質問されると、まず誰でも小さくはない怒りを感じますし、思わず「いいかげんにしろ！」と暴言にも似た叫びをあげたくなるものです。

【解決事例2】——高齢者の不安を解いた簡単機器と逆説介入

清さん一家では、朝起きてまず清さんが「財布がない！」と騒ぎ、家族が捜索するということから一日が始まります。そして、「財布がない！」を間を置かずに一日に何度も繰り返します。家族が財布を探し出してもまたすぐに失くしてしまうからです。毎日毎日同じことを家族に要求します。さて、これを家族はどう解いたでしょう？

このケースでは、三つの方法が有効でした。

［**その1**］前の晩に枕元に置いた財布の所在を確認させる。これで毎朝の大騒動はやや「縮小」されましたが、決定的ではありません。

［**その2**］財布に電子ブザーをつける。これは手元の呼び出し機を操作すれば、財布に付けた小さなブザーが鳴ってありかがわかる物で、極小の電子ブザーと受信機で、複数個がセットになっていて一万円程度で買える優れものです。これは馬鹿にできない小さな介護機器といえ、現在でも重宝しているといいます。つまり、人間を助けてくれる機器は家族の愛情のなかで大きな力を得るのです。

［**その3**］ほかのところにも同様の介入事例を記しましたが、本人より先に「財布はあるかの？」と問う、いわば先制確認の「パラドックス」技法、それもしつこくおこなう。これは「逆説介入」というコミュニケーション派の家族療法の代表的な方法ですが[1][3]、高齢者、それも認知症の問題を呈している人にも十分有効でした。また、この逆説的な方法が効を奏するということは、ある水準の心理的な健康性を保障するということでもあり、家族を安心させます。

この事例ではそれまで同じことを何度も繰り返し、家族を困惑させていましたが、この介入方法で高齢者本人が「何度も言われなくともわかっている！」と怒って反応をしました。家族は思わず苦笑したといいます。これで全部が解決してしまうわけではありません。効果の持続性は、いわゆる神経症の問題とは比較にならないほど短いものです。つまり、何度もこの介入を繰り返させられることになりますが、それでも家族が症状コントロールの主導権を握れるような有効感があります。

コミュニケーションによる現実の構成と再構成

コミュニケーションとは、言語による行動の相互拘束のことだという理解ができれば、現実、とりわけ悲惨な現実は客観的に与えられているというよりは、当の自分たちで作り上げているのだということも理解できるでしょう[1]。以下に事例を掲げてみましょう。

【事例1】――死んでしまえ！

糖尿病にかかっているキミさんは嫁が作っている昼食を待ちきれず、「どうしてもっと早く食べさせてくれないのかねぇ」と、聞こえよがしに言います。聞いていた息子さんは「いま作ってるだろう。朝も十分食べて、もういいと、言ってたじゃないか」と返します。「お前らは食べたいものを食べたいときに作って、私にはいつも遅い」とキミさん。その後「まだなのー？　私、死にたいよー」と声高に催促します。キミさんは病気になる前はとても控えめで、親戚一同からも「よくできたいいお母さま」と評判でした。そんな母から生まれたことを誇りにもしていた息子さん。しかし、今ではその母が前記のようなことを平気で言うのです。病気とはわかっていても、つい「死にたいなら、死んでもいいよ」と最初はジョークも込めて言い返します。ところが、この訴えを何度も聞き、催促を繰り返されると、ついに息子さんは「死んでしまえ！　そんなことを言うなんて、僕が殺そうか！」と叫んでしまうのでした。コミュニケーション研究の分野で「エスカレーション」(対称型分裂生成)とも呼ばれるこの現象の形成に、ものの三十分も必要とはしないし、反省してもうやめようと決意しても再びすぐに繰り返させられることが多くあります。

【事例2】――聴覚に衰えがある老夫婦の暴力

聴覚に衰えが出てきた老年夫婦の場合にも、この「エスカレーション」は日常的にみられます。「お前がさっき、そう言ったろう」「そんなことは言ってない」「いや、言った」「いや、言わない」と、第三者の前でも喧嘩が始まってしまいます。

ものの十分もかかりません。暴力沙汰になってはじめて「エスカレーション」がやむ老夫婦もいます。介護家庭にみられる「虐待」の一部は、このようにして形成されると筆者らは考えています。これをコミュニケーション研究の分野で「x」と呼びます〔4〕。

さて、ではどうやってこのような問題を解決したらよいでしょうか。問題は、生起する場所と時間、人などが同じ状況で繰り返される場合が多いので、それらを変えることで解決は得られます〔3〕。

たとえばキミさん一家のケースでは「昼食どき、台所近く、母と息子二人のとき」です。そこで、ハルさんが「食事が遅い」と言い始める直前に、息子さんのほうから先に「昼食は僕も作るのを手伝うことにしたんだ」と言いながら女房に向かって「遅いよ、手伝おうか?」と母に聞こえよがしに言うことで改善しました。キミさんは息子さんに「急がせなくていいよ、かわいそうに」と、発言することがあるくらいです。

さて本書は、介護にかかわる家族の視点から少しでも役に立つ書物をまとめようと企画しました。じつは本書のきっかけは介護の専門家ではない執筆者のひとりが、ある時期に突然老親の介護を体験することになった経験から発しています。介護保険のことも何もわからない、またそれらをめぐる虚実に振り回された経験、介護施設の使用における建前と実際などの経験からです。また、いわば「専門家ゆえに持つ神話」にも少々ふれます。

執筆者は介護と福祉の専門家に加え、臨床心理学の専門家や家族介護の体験者も含まれます。執筆者に共通する姿勢はいくつもありますが、第一として挙げられるのが、一九八六年にわが国に初めて導入されて以来、工夫がなされてきた「解決志向アプローチ」（ソリューション・フォーカスト・アプローチ、SFA）という考え方です。それにちなんで、本書では介護を「解決志向ケア」（SFC）と名づけたいと思います。否定的なイメージのこの分野で、読者がこの本を読み終わられたときに、少しでも日々の介護に明るい希望が持てる、そんな願いから編集しました。建設的なご批判をいただければ幸いです。

＊本書に登場する人名は全て仮名です。事例は、プライバシー保護のため内容を損なわない程度に変更を加えております。

〔参考文献〕

1——長谷川啓三『ソリューション・バンク——ブリーフセラピーの哲学と新展開』金子書房、二〇〇五年

2——インスー・キム・バーグ、イボンヌ・ドラン／長谷川啓三監訳『解決の物語——希望がふくらむ臨床事例集』金剛出版、二〇〇三年

3——リチャード・フィッシュ、カリーン・シュランガー／長谷川啓三監訳『難事例のブリーフセラピー——MRIミニマルシンキング』金子書房、二〇〇一年

4——長谷川啓三編『構成主義——ことばと短期療法』至文堂、一九九一年

序章

解決志向ケアってなに？

「はじめに」でお伝えした「解決志向ケア」（ＳＦＣ）についてもう少し詳しく説明を加えていくことにしましょう。「解決志向ケア」（ＳＦＣ）とは、問題の原因を探るのではなく、解決の創造を原因と切り離して目指す介護のあり方のことをいいます。

原因の追究ではなく解決の創造！

私たちはふつう、問題が生じるとその原因を探ろうとします。原因を追究しそれを取り除こうとしたり、克服しようとしたりします。そうすることで解決が導かれると考えます。この考え方は確かに有効なこともたくさんあります。たとえば、今、私はパソコンに向かってこの原稿を書いているわけですが、急に画面が真っ暗になったとします。書いていた内容も全部消えてしまいました。まだ書き始めなのでダメージが小さくて済んだのが不幸中の幸いですが、それでもパソコンを修理しなければなりません。そういうときは原因を見つけそれを取り除けばいいわけです。壊れた部品を交換すれば見事解決です。パソコンのような機械の場合、この原因追求の方法は有効ですが、相手が機械ではなく生物、とりわけ人間の場合はこうはいきません。

例として、いつも歯痛に悩まされる八十歳の俊夫さんに登場してもらいましょう。俊夫さんは前歯も奥歯も上の歯も下の歯も痛くて痛くて気が滅入っていました。もう半年間も痛みが続いているのです。つらいので同居している息子夫婦によく嘆いていました。しかし、歯科に行ったところ痛みの原因は見つからず、気のせいだと言われてしまったのです。歯科医の言葉を聞いて、息子夫婦は安心しましたが、俊夫さんはどうしても納得がいきません。そしてついに歯を抜き、総入れ歯にすることにしました。経過は順調ですし、痛みはないはずだと歯科でもいわれています。しかし俊夫さんはやっぱり歯が痛いように感じるのでした。原因の歯を取り除いても確かに痛みを感じてしまう。俊夫さんはホトホト困り果ててしまいました。

このようなとき、原因追求の方法は頼りなくなってしまいます。原因が取り除かれたかに見えても、問題が解決しないことがあるのです。しかし原因の追究と解決の創造を分けて考えてみると道は開かれてきます。はじめの一歩は、「比較的、歯の痛みが楽なときありますか?」と尋ねてみることです。「孫の相手をしてやってるときくらいだ」と返ってきたら、すでに二歩、解決創造の道を歩んだことになるのです。

さてそうはいいましてもやはり、原因もわからないのに解決を創造するというのはどうも不安が残るのではないでしょうか。どのようにすればそんなことができるのか。じつは、基本はたった二つなのです。

基本は二つ

1・良循環をふくらませる――「例外」の活用

一つ目は「例外」の活用です。「例外」とは、「問題」が起こっていない場所、時間、人など、「問題」が起こるはずなのに起こらない例外的な状況のすべてを指します。例外は「そういえばあのとき……」とか「たまたまなんだけど……」などの言葉とともに語られることが多く、ふだんは何気なく散りばめられて意識されにくいものですが、拾い集めていくと意外と見つかるものです。見つかったら、その状況を繰り返し、さらに応用していくのです。繰り返すだけでも、偶然だと思われていたことが偶然ではなくなります。「良循環」が構成されていくのです。「例外」が起こっているという自然な拘束を「再拘束」することを原理としており、「良循環」をふくらませ、解決を創造していくのです。

2・悪循環を断ち切る

二つ目の基本は、「なぜそのような問題が生じたのか」という疑問を、「どのようにこの問題は維持されているのか」という疑問に変えることから始まります。「問題」というのは、じつはたいてい同じような場所、同じような時間、同じような相手とのやりとりのなかで起こるものです。そのような「問題」が維持されてしまう場所、時間、人（やりとりの相手）を探るのです。そしてそれを「ちょこっと」変えてみるのです。「問題」がどのように維持されているのかという問いは、「問題」に苦しむ人がどのような悪循環に陥っているのかを探ることを意味します。悪循環を探りそれを断ち切ることは、自然に起こっている拘束を、別の拘束に置き換えることを原理としているのです。

表裏のアプローチ――ダブル・ディスクリプション・モデル

では、どのようなときに、良循環をふくらませ、悪循環を断ち切ったらいいのか、次の**図1**にしたがって考えてみましょう。

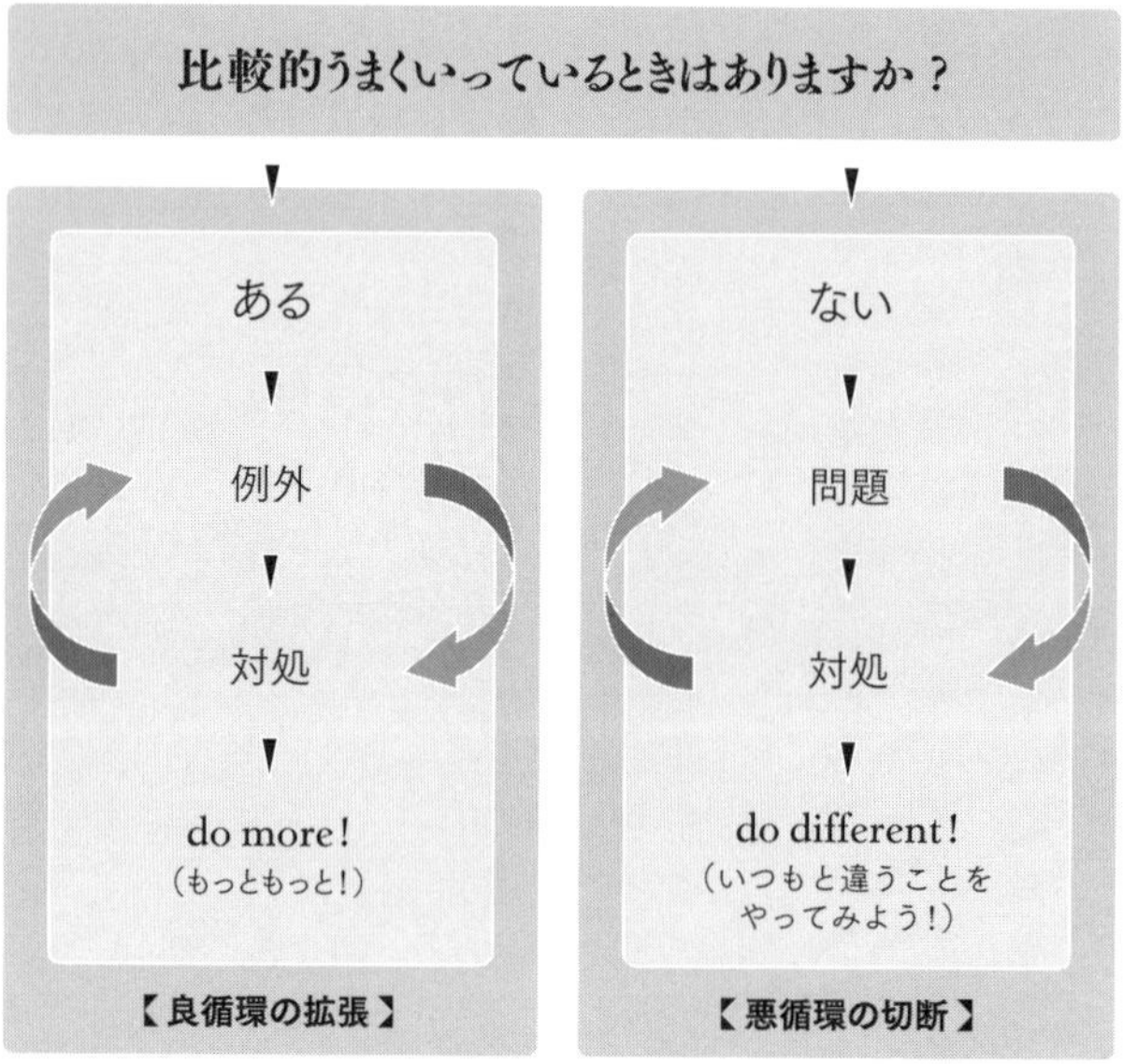

図1

良循環をふくらませ、悪循環を断ち切るための質問

まず「比較的うまくいっているときはありますか？」という質問で始めます。これは「良循環」をふくらますための、「例外探し」のきっかけとなる質問です。「問題」は、始終同じ調子や程度で起こっているとはかぎりません。人は何か「問題」が起こると、どうしてもそちらのほうに目が向きがちなので、その「問題」があたかもずっと続いているように思ってしまうのですが、丁寧に観察していくとじつはそうでもないことに気づくものです。たとえば、俊夫さんのように、ずっと同じ調子で痛いと思っていた歯が、じつは痛くなくなったり、痛みが軽くなったりするときがあることに気づくのです。それでは、そのように「問題」がないときはどういうときなのでしょうか。つまり孫の話をしているときは痛みを感じないとか、誰かと話しているときは痛みが少ないなど、「問題」が起こっていないときに自分がおこなった行動や周りの状況などを考えてみるのです。それがわかったら、あとは「do more!」（もっともっと！）です。その行動を繰り返して、「良循環」をふくらませていくのです。

でも、いつもこんなふうにうまくいくとはかぎらないかもしれません。どうしても「例外」が見つからないときもあります。「例外」は丁寧に探していけば必ずあるものだとは思いますが、先ほども述べたように、人は「問題」が起こるとそれにとらわれてしまい絶望的になったり、「問題」

ばかりを考えてしまったりする傾向がありますので、なかなか「例外」を見つけにくいものなのです。そのようなときは右側の「ない」に進みます。「問題」が起こったとき、人はそれを解決しようと思ってさまざまな「対処」をします。でも、いくらやってもうまくいかない、ちょっとでもうまくいっているとき（例外）なんて見つけられそうにもないというときは、その対応をしていることでむしろ「問題」が続いてしまっているという可能性があります。そのようなときは問題が起こっているときの対応や状況を「ちょこっと」変えてみるのです。すなわち「do different!」（いつもと違うことをやってみよう！）です。今までとは別のことを試して、悪循環を断ち切っていくのです。

それでは、良循環をふくらませたり、悪循環を断ち切ったりするそれぞれの実践のコツについて紹介します。

良循環をふくらませる――解決トーク

しつこく信じる！

コツというよりは、信念のようなものですが、「例外」はある！ と信じていることは大切です。問題に苦しんでいるとき、人はなかなかうまくいっている部分に焦点をあてにくいものです。しかしそれは「例外」が見つかりにくいからであって、「ない」のではありません。必ずあると信じていることは、その苦しんでいる人の持っている力を信じるということでもあります。信じて関心を寄せて探していくのです。しかし、信じるあまりしつこく探りすぎると、その人の負担になってしまいます。そういうときは、上述したように「Do different!」に切り替えるのがいいでしょう。「例外」はあるだろうけど悪循環を探っていこう！ というスタンスです。

スケーリング・クエスチョン

スケーリング、すなわち、数値で測って表わす質問法です。たとえば、「その問題はどのくらいあなたを苦しめていますか」とか、「理想の状態に対する現在の状態は?」という質問に対して10点満点や100点満点で答えてもらうのです。

「歯が痛い」と訴える俊夫さんに対して「一番ひどいときを0点としたら、10点満点で今は何点くらい?」と尋ねてみます。「うーん、この前は本当に苦しかったからねえ。でも今はそのときよりは少しいいから、3点くらいかなあ」。このような答えが出てきたらしめたもの。「へえー、3点も上がったんだ! 0点のときと今とでは何が違うの?」と続け、「例外」を探して広げていくのです。

この「スケーリング・クエスチョン」を使うことによって、質問された人はより具体的に考えることができます。つまり、いままでは「問題があるかないか」「0か1か」だったのに対して、10点満点で1から10までの数値で答えることで、10点満点とまではいかないけれど3点のときや4点のとき(「比較的問題が少ないとき」)があることに気づき、「例外」が探しやすくなるのです。

「スケーリング・クエスチョン」は、数字で表わすだけではなくニコチャンマークなどの絵(泣いている顔から笑顔までを十段階で表示するなど)で表わす方法[1]や、第1章第3節で出てくる例のように、身体を使ってジェスチャーで表わす方法も考えられています。

コーピング・クエスチョン

繰り返しになりますが、「例外」は必ずあるものです。ずっと同じ状態で問題を抱え続けていることはめったにありません。でも、人はどうしても問題に目が向きがちなので、なかなか見つけにくいこともあります。問題にどっぷりつかりこんで絶望的だと思っている人に対して、「スケーリング・クエスチョン」をおこなっても、なかなか「例外」が出てこないことも多々あります。「今も一番ひどいときと変わらないよ！　ずっと0点のまま。だからつらいんだ」。そんなときはどうすればよいのでしょうか。

「コーピング・クエスチョン」（あるいは「サバイバル・クエスチョン」）はこのようなときにうってつけの質問法です。「ずっと零点なのですか!?　そんなに大変な状況なのに、どうやって対処できているのですか」「どうやってさらに悪い状態にならないようにしているのですか」などと質問をし、その人が「最悪の状態なのに対処できている」ことに焦点を当てます。そして、その人がおこなっている、うまくいっている対処方法や工夫を聞き出すことで「例外」を見つけることができるのです。

この名称のコーピングとは「対処」のことです。とてもしんどいのに対処できているのはなぜ、と尋ねることで、その人の力が見えてくるのです。

ミラクル・クエスチョン

「ミラクル・クエスチョン」（奇跡の質問）はより想像力をかき立てて、具体的な解決像を探る質問法です。たとえば、次のような質問をします。

「今夜、あなたは家に帰って布団に入ります。そしてぐっすり眠っている間に奇跡が起きたとします。あなたの問題はすべて解決してしまいました。あなたは寝ていたのでその奇跡が起きたことは知りません。朝になって起きたとき、その奇跡が起こったことをどんなことから気づくでしょうか」

つらい思いをしている人ほど、素朴な回答をしてくれるので不思議です。「朝起きて、カーテンも窓も開けて、新鮮な空気を吸ったときかなあ」「リビングで家族におはようを言ったときです」など、自身の解決像を具体的に思い描きやすくなるのです。

よりイメージがわくようにゆっくりと、丁寧に、質問するのがコツです。問題の虜になってしまっている人でも、解決した状態を想像しやすくなります。

悪循環を断ち切る――共通のテーマを大胆に変える

人・場所・時間を変える

「問題」は繰り返されることが多いものです。「問題」をどうにかしたいと思いつつ、そういえば前にもこんなことがあった、なんでいろいろ努力しているのに同じことになっちゃうんだろう、と思ったことがある方も多いのではないでしょうか。

このように、何か「問題」があったときに、それを解決しようとしているのに結局同じことの繰り返しになってしまうとき、悪循環に陥っているといえるでしょう。先ほども述べましたが、同じような場所、同じような時間、同じような相手とのやりとりのなかで「問題」は維持されるものです。まずは、どのようなときに「問題」が維持されているのかをじっくり観察してみましょう。そしてそのどれかを変えてみることで、びっくりするくらい簡単に変化が訪れることもあるのです。「問題」が起こっているときと違う状況を作ってみることは、悪循環を切るための基本的なやり方です。

パラドックス

悪循環を断ち切るために「パラドックス（逆説的）技法」というやり方があります。これは短期・家族療法の基礎となっている二重拘束《ダブルバインド》理論という理論を応用したものです。行動の意味を二重に拘束することで、行動パターンの変化を目指すのです。

話が難しくなってきたので、わかりやすい例を挙げてみましょう。

『北風と太陽』というイソップ童話をみなさんご存じのことでしょう。北風と太陽がある旅人のコートを脱がせる競争をする話です。北風は、びゅーびゅーと吹いて旅人のコートを吹き飛ばそうとします。しかし、風がびゅーびゅー吹けば吹くほど、旅人は寒くてぎゅっとコートをたぐり寄せ、北風は旅人のコートを脱がすことはできません。そこで太陽がとった方法は、力ずくでコートを引きはがそうとすることではなく、ぽかぽかと旅人に降り注ぐことでした。すると旅人は、暑くて自分でコートを脱いだのでした。

この太陽のとった方法こそが「パラドックス」(逆説的)アプローチといえるでしょう。

びっくり!　クエスチョン

「びっくり!　クエスチョン」とはその名の通り、変化が起こるといいなと思われている人をびっくりさせるには何をすればよいかを尋ねる質問です。人をびっくりさせるためには、いつもと違ったことをしなければなりません。ですから、この質問をすることで自然といつもと違う状況を作ることになり、悪循環を断ち切れるのです。「いつもと何か変えてみましょう」というより、「どんなことをしたらその人をびっくりさせられるでしょうか」と訊いて考えてもらうほうが、ゲーム感覚で楽しいものとなります。ポイントは遊び心を取り入れて楽しくやりやすく!　です。

リフレイミング

「リフレイミング」とは、「再意味づけ」と訳される技法です。これは、同じ状況での行動に対する考え方や感じ方を、別の新しい枠組みから捉え直し、その状況の持つ意味を全く違うものに変えてしまおう、というものです。「リフレイミング」をおこなうと、問題と感じられていたものがそのまま「例外」になります。問題が意味づけ直されて、「例外」として活用されるのです。良循環をふくらませることと、悪循環を断ち切ることが同時にできるわけです。

たとえば、高血圧で薬を服用しなければならなくなった人が、「あーあ、これからずっと薬を飲み続ける生活になるのか」と話したことに対して、「一病息災と言いますから。これからは、健康のバロメーターとして健康管理ができますね」と「リフレイミング」することができます。高血圧で継続的に服薬しなければならないというフレーム（枠組み）を「一病息災」という言葉を使って、一つ病気を持っていると体を大事にしようという意識が働くため健康でいられる、というように変化させて「リフレーム」しています。この「リフレーム」を導く手段が「リフレイミング」なのです。

「リフレイミング」が成功すると、これまでと違った見方で問題を捉えられるようになります。問題に対する捉え方が変わると必然的に問題に対する対処行動に違いが生まれてきます。

いかがでしょうか。「解決志向ケア」とは「例外」をふくらませたり、悪循環を断ち切ったりすることで良循環を生み出していこうというアプローチなのです。次章からは、さまざまな具体例を挙げながら実際のケアのあり方についてさらに解説していきます。

［**参考文献**］

1――若島孔文、長谷川啓三『よくわかる！短期療法ガイドブック』金剛出版、二〇〇〇年

第1章　要介護者とのコミュニケーション

第1節　身体症状とのおつきあい

光あるところに光をあててみる――小野直広

いつもひざが痛い！

加藤コト子さんは七十六歳です。少し前からひざの痛みに悩ませられています。朝起きて歩こうとすると痛い、日中も痛い、寝るときも痛いというように、痛みが四六時中自分につきまとっているように感じて、憂鬱で仕方がありません。この痛みをひとりで我慢するには忍びなくて、家族の顔を見れば「痛い、痛い」と言っています。息子夫婦と同居しているのですが、特にお嫁さんと顔を合わす機会が多いので、お嫁さんに痛みを訴えることが多くなっています。お嫁さんも最初のうちは「痛みがひどいの？　大丈夫？」と心配して声をかけ、「痛くてつらそうね」「痛くて大変ね」などと返答してきました。コト子さんは話を聞いてくれるお嫁さんに対して甘えるようになり、「ひざの皿の下の部分が特に痛いのよね」とか「ズキンズキンという感じの痛みになってくるの」などと、お嫁さんをつかまえては長々と話すようになってきました。

しかし、最近になってお嫁さんは「うんうん」と返事するだけになってしまいました。言葉では「大丈夫?」と言っていながら、目も合わせないといったこともあります。コト子さんは、お嫁さんが自分を理解してくれないと思うようになりました。コト子さんから見ればお嫁さんの態度が冷たく感じられるのです。一方、お嫁さんは、コト子さんがいつも「痛い、痛い」と言っているので、なんだかそれに慣れてしまい、一大事とは思えなくなってしまいました。ほかにもいろいろ主婦としての仕事があるので、コト子さんにかかりっきりになっているわけにもいきません。痛みを訴えたときに無視したりせず、また「そんなにひどくないでしょ」などと言って痛みを否定したりせず、とりあえず「うんうん」と聞いてあげようと思っていました。お嫁さんなりに、できることを精一杯しているという気持ちでいたのです。

痛くないときを探す

お嫁さんは、コト子さんとの関係がぎくしゃくしてきたのを感じ始めました。コト子さんが「痛い」と言い出すと、「またか」と思うようになりました。でも、コト子さんはお医者さんにもかかっているし、これ以上何ができるのかがわかりません。次第に要求が多くてわがままなお姑さんだなあと思うようになってしまいました。

そこで、コト子さんの体の症状の話を聞いてあげるだけではうまくいかないのだということにお嫁さんは気づいたのです。少し距離を置くことにして、コト子さんの生活の様子を観察してみました。コト子さんは相変わらず「痛い、痛い」と言っていますが、テレビでお笑い番組を見ているときは楽しそうに笑ったりしているし、好きな編み物をしているときは結構熱中してやったりしているようです。ひざが痛くない瞬間があることは確かな感じがします。二十四時間ずうっと痛いわけではないように思えたのです。そこでひざの痛みを訴えたときに、別の対応をしてみようと思いました。それでは夕飯を食べた後の二人の会話です。

コト子さん　「今日も疲れたねー。ひざが苦しいわ」

お嫁さん　「そうだったの。今日も無事終わったわね。今日、ひざが痛く感じなかったときってどんなときだったの？」

コト子さん　「そうねえ。お隣のキヌさんが訪ねてきて少しおしゃべりしたんだけど、そのときはひざのことを忘れていたみたい」

お嫁さん　「そうだったの。楽しかったみたいで、よかったわね」

このように、お嫁さんはコト子さんとよい雰囲気で会話することができました。ひざが痛いという話を「うんうん」と聞くよりも、「痛くないときはどんなときだった？」と質問して会話を進めたほうが、コト子さんもなんだか満足げに話を終えているような感じです。いつもずーっとひざが痛くてつらいんだと思い込んでいましたが、実際は痛みを忘れているときもあるのです。コト子さんにとっては、ひざは痛いときもあるけど、痛くないときもあるのだと自覚することがとても助けになるようです。痛みにとらわれずに、楽しみながら日常生活を送れるのだということに気がつけばいいと思います。

体の症状とのつきあい

人間は年を重ねていくと、体の不調というものはあって自然なことだといえます。コト子さんの例では「ひざが痛い」でしたが、ほかにも「腰が痛い」「頭が痛い」などの痛みや、「眠れない」「気分が悪い」などの不快な症状もあります。また「下痢」や「便秘」などの胃腸症状から、「血圧が高い」「血糖が高い」といった成人病の状態もあるでしょう。このような症状は、個人の体質とも関係していますが、熟年以降になると慢性化しやすくなります。つまり、体の傾向の一つとなり、完全に治るということが難しくなり、ずっとこのような症状とつきあうことになります。

自分のなかで慢性的な症状というものができあがると、なんて厄介なんだろうと思い、この症状さえなかったらどんなにいいだろうと感じるようになります。ある症状から自分は逃れられないのだという、がっかりする気持ち、なんとかしたいという焦り、なんで自分ばかりが大変なんだという怒りもわいてきます。いつも自分のつらい症状のことを考え、そのことにとらわれてしまうということが起こってきます。自分の調子の悪さは延々と続いているかのごとく感じられるのです。

こうなると、自分のつらさをなんとか家族や周囲の人にわかってもらいたいという気持ちになります。だから、コト子さんのように、わかってもらえそうな人には自分の症状を話したいのです。周りにいる家族も、親身になって話を聞き、「大変なんだね」と言って共感してくれることでしょう。家族が自分の症状のことをわかってくれればくれるほど、もっと話を聞いてほしいと思うようになるといったこともあります。一方、家族にとっては、慢性的な症状について繰り返される同じような話に対して慣れてきますし、「まただなあ。困ったなあ」という気持ちになっても当然のことでしょう。話を聞いても聞いても、どんどん出てきてしまうからです。家族はなんとかうまく対応しなければと思いながらも、だんだん疲れてきて「うんうん」と返事をし、流したりすることもあると思います。こういう状態になっても無理ないでしょう。しかし、症状を訴える側は、家族にわかってもらえないという気になって、さらにここが調子悪い、あそこも調子悪いと、バージョンアップして不満を訴えてくるかもしれません。このようになってくると、症状を訴える人とその家族の間で、コミュニケーションの悪循環を起こしている可能性があります。

例外探し

では、このような悪循環にならないように、体の不調を訴える人と聞く人との間で、どのように会話したらよいでしょうか。それは、コト子さんとお嫁さんの会話の例で示したように、症状がないときを質問してみればよいのです。つまり、いつも症状があるように感じられるなかで、例外的な状況を尋ねることになります。いろいろな症状のなかから、実際の会話の例を挙げてみます。

【例1】――腰が痛い

Aさん　「いつも腰が痛くてひどいなあ」
家族　「腰の痛みをあまり感じないときはどんなとき?」
Aさん　「お風呂上りはいいような感じ」
家族　「温まって血液循環がいいときはいいようだね。冷えないように、なるべく温めておこうね」

【例2】――眠れない

Bさん「睡眠薬飲んでもあんまり眠れない」

家族「比較的眠れるときはどんなとき?」

Bさん「昼間外に出たとき、その日の夜はいいかなあ」

家族「毎日外に出るようにしようか。少し疲れたほうがいいかもよ」

【例3】――血圧が上がった

Cさん(がっかりした様子で)「今回、血圧が上がってしまった」

介護者「血圧が高くなかったときはどんなとき?」

Cさん「きちんと薬を飲んでいればいいんだけど、最近昼の分飲み忘れるから」

介護者「昼ごはんの後、ちゃんと飲めばいいんだね」

三つの例で示したように、なんらかの体の調子の悪さを訴える人にとって、その症状が比較的いいときがあるのがおわかりでしょう。それを質問によって引き出しているのです。

二種類の話し方

体の不調を訴える人と聞く人との会話には二種類の話し方があります。一つは、具合が悪いという話を聞いてあげて、どのように具合が悪いか十分話してもらうというやり方です。何かの症状で悩んでいれば、そのことについて話したいわけですから、どんどん話させてあげるのです。体の症状を聞くほうの家族の人たちは、うなずいたり、相づちを打ったり、「大変なんだね」と共感する態度を示します。もちろん、話を聞く人にとってこの姿勢は必要なことです。こういうふうに対応してもらうことで、体調不良の人が孤独感にさいなまれるのを防ぐことができますし、自分のことを理解してくれる人がいると感じて安心できると思います。ただ、この時間があまりにも長く続くと、聞くほうの人たちが大変になってきます。話を聞く人が負担にならない程度に、うまく話を切り替えるということが大切になってきます。

もう一つの話し方は、どういうふうにすれば症状がよくなるかを話すことです。具合が悪いという話を聞く側の人は、話がよい方向に進むよう誘導することができます。どうすれば体の調子がよくなるかをわかっているのは、調子の悪さを訴えている本人なのです。自分の体のことですから、どうすればよいかを知っているのに気がついていない、つまり、無意識のなかでのみわかっているわけです。したがって、症状を聞く人は、本人に質問することによって情報を得ることができます。質問することで解決策を引き出すのです。

これまで説明してきた二種類の話し方のなかで、一番目の話し方を「問題」についての話、二番目のものを「解決」についての話と名づけましょう。ここで挙げた二種類の話し方をバランスよく使い分けることが、うまくコミュニケーションをとる秘訣です。このコミュニケーションの方法は、体の具合の悪さを訴える人ばかりではなく、日常会話、たとえば、気持ちが沈んでいる友人と話すといった場合にも有効です。その友人はいかに自分がうまくいっていないか、どのくらい気分が沈んでいるか、未来がとても絶望的なことを話すかもしれません。あなたはある程度話を聞いたうえで、しかし、決して延々と聞くのではなく、あなた自身が鬱々とした気持ちになる前に、話を転換する必要があります。話題の舵取りを行い、別の角度から話します。どんなふうになりたいのか、どう行動すれば現状が変化するのか、今うまくいっていることは何かについて質問するのです。すなわち、解決に向けての話し合いを始めるということです。

解決している部分を探す

では、「解決」についての話をどのように進めていけばよいでしょうか。解決するためには、何をしたらよいかというよりも、もうすでに解決している部分を探すことから始めてみましょう。次に挙げる症例は、首や肩の痛みを訴える人と介護者の会話です。年とともに関節がすり減るので、負担がかかったことがきっかけで痛みが出てきたケースです。痛み止めなどの薬も服用しています。場面から場面へは二、三週間の間隔が空いています。

［場面1］

訴える人　「首や肩がいつも痛くて、ずーっと治らないなあ」
介護者　「薬を飲んだときはどうなの？」
訴える人　「薬を飲んだときはいくらか痛みはいいみたいだ」

［**場面2**］

訴える人　「肩がしびれる感じ。手がうまく動かせない気がするな」
介護者　「そうなの？　よくなってきたのはどんなところなの？」
訴える人　「痛みはだいぶんなくなってきた感じがする」

［**場面3**］

訴える人　「重いものがつかめない」
介護者　「手はどのくらい動くようになったの？」
訴える人　「字は書けるし、茶碗なら持てるといったところかな」

この症例では、「首や肩が痛くて治らない」という問題に対して、もともと解決している部分を引き出していっています。まず［**場面1**］では、「首や肩が痛い」の訴えに対して「薬を飲んでみてどうか」と質問する作戦をとっています。薬を飲めば少しは痛みが和らいでいるだろうと予測し、そこを尋ねてみます。案の定、「いくらか痛みはいい」と答えているので、作戦は成功です。痛みがいくらかいいときがあるということを実際に言葉で話してしまっています。ですから、ずうっと痛いわけでは決してないということを、本人もそこで認めざるを得ないのです。薬によって痛みという問題がコントロールできることを示しています。

［**場面2**］では、「手がうまく動かせない」と話していますが、あえてどんなところがよくなってきたかを尋ねています。本人としては具合の悪い箇所について訴えているのに、そんなふうに質問されればよくなってきたところを探して答えなければならなくなります。「痛みはよくなった」という部分を探し当てて話しています。前回は薬を飲んで抑えていた痛みが、薬を飲む飲まないにかかわらず、気にならなくなったということがわかりま

す。［**場面1**］より一歩前進といったところでしょう。

［**場面3**］では、さらに次の段階にはいります。「重いものがつかめない」と訴え、焦っている感じです。重いものがつかめないということは軽いものはつかめるのではと想像できます。ということは、［**場面2**］で動かせなかった手は、ある程度動かせるようになったことを推測します。したがって、「手がどのくらい動かせるようになったか」を尋ねてみることができます。「字は書けるし、茶碗は持てる」と報告したので、前回うまく動かせなかった手が日常生活には支障がないくらいに回復したことを意味します。具合が悪かった症状がよくなってきていることを言葉にして話すことで、問題が解決している部分に注目することができ、本人自身の意識をいい方向に変化させていくことができます。

病気の捉え方

自覚症状があってもなくても、「病気」と診断されたときはがっかりするものです。ある病気の名前をもらうだけで、自分の人生のなかで大きな「問題」が浮上したと感じるかもしれません。それは、自分の体のなかにどこか悪いところがあるとお医者さんに言われてしまったからです。お医者さんは医学の専門家なので、病気に関することを何か言われれば、お医者さんの言っていることは正しいと多くの人は信じるでしょう。「治療する必要があります」と言われれば、「困った。どうしよう、なんとかしなければ」と思ってしまいます。しかし、それはあくまでもお医者さんの視点です。それが世の中で客観的だと考えられているのです。

一方、自分の人生を生きているのは自分です。自分が病気になったことをどう捉えるかは主観的な視点です。自分の生活のなかでそれが大きな「問題」なのか、そう問題なく過ごせるのかは本人次第ということです。では、問題なく過ごせるようにするには、どうしたらよいかということになります。それは、不快な症状がなく生活できればいいわけです。そこで不快な症状がないときはどんなときなのかを探してみて、それを持続するようにします。薬をきちんと飲むことかもしれませんし、ある行動をすることかもしれません。たとえば、散歩に行くとか、患部を温めるとか、野菜を食べるというような小さな行動でもいいと思います。もし、それを続けることによって生活上の不都合を訴える必要がなくなるのであれば、病気だとお医者さんに言われたという事実は残りますが、「問題」ではなくなります。つまり、病気の診断をもらったこと自体が「問題」ではないのです。

症状を訴える人は、「病気」イコール「問題」だと思ってしまうと苦しい気持ちになるはずです。ですから、その話を聞く人や介護をする人は、「病気」イコール「問題」ではないという視点に立ってコミュニケーションをすることが大切です。たとえば、高血圧症の場合でも、血圧のコントロールをきちんとできていれば日常生活に問題は生じません。血圧が上がって頭痛がする、あるいは顔がほてるといった症状がでてくることもありません。このように、「病気」が「問題」ではないときに焦点を合わせて病気を捉えていく、という考え方が役に立ちます。

いつも変化している

年とともに何かの「病気」にかかって、ある症状が出たとします。たとえば、「更年期障害」という病名がついて、症状は「目まい」だとしましょう。確かに「目まい」にときどき襲われ、立っていられなくなります。ひどい目まい、軽い目まい、そして目まいがまったくないときというように症状はいつも変化しています。確かに「目まい」があるのは問題です。一方、「目まい」がないときは、問題が解決している状態です。「問題」と「解決」というのは、まったく別のことであり、「目まい」があるとないでは、両極端な状態だと想像されると思います。

しかし、そうとも言えません。「目まい」がある状態から「目まい」がない状態までは続いている状態なのです。そのなかを行ったり来たりと変化しています。

このように、物事は必ずといっていいほど変化していると考えることができます。たとえば、怒ってばかりいるお母さんがたまに優しくなるときがあること、あるいは、常に激しく動き回っている子どもが静かになるときがあります。また、規則的に鼓動する心臓は定常状態を維持しているように見えても、何かの拍子で心拍が乱れることはあるはずです。私たちは通常、物事を全体的な視点で見ています。したがって、「怒りっぽいお母さん」「落ち着きのない子ども」などとレッテルを貼ったりしがちです。しかし、物事をミクロに見てみると、小さな変化の連続です。すなわち、お母さんが優しいとき、子どもが静かなときという「例外」を見つけることが可能なのです。この「例外」こそが、解決の状態です。

したがって、ある病気にかかったら、症状が変化するなかで症状がないという例外的状況に常に注目することが大切です。そして、その例外的状況がどのようなしくみで起こっているのか、どんなときに起こっているのかを探索し、じりじりその状態を広げていくのです。こんなふうに考えて行動するのは、とてもセンセーショナルだと思いませんか。目から鱗が落ちたように感じていることと思います。

心のサポートと体

病気になって体の症状を訴える人に対して、家族や介護者はどのようなコミュニケーションをおこなえばよいかについて話してきました。家族や介護者は症状の変化を予測し、適切な質問をすることによって、例外的なよい状態が引き出されることがわかりました。その質問に答えることで、たとえ症状があったとしても次第にポジティブなものへ焦点を当てる習慣がついてきます。結果として当人の不安が減っていくということになるでしょう。家族や介護者がおこなうことのできる精神的サポートは、このようなコミュニケーションによっても可能になるでしょう。介護者によるこうしたサポートはなんらかの体の症状があったとしても、自力で身の回りのことをおこなおうとするモチベーションを高め、前向きに生活していくことへの一助になるのではないでしょうか。

1 【コラム】——介護をめぐる事件——私ならこう解く
介護疲れによる殺人

介護疲れや将来を悲観して、肉親による要介護高齢者の殺人事件が後を絶ちません。介護保険制度施行を境とした計五年間の介護殺人事件の調査（高崎・吉岡、二〇〇四）によると、八十二件の死亡事件があり、施行前では三十四件、施行後では四十八件と増加していることが報告されています。介護殺人事件は氷山の一角にすぎず、その水面下には数多くの高齢者虐待の事例があると思われます。医療経済研究機構の『家庭内における高齢者虐待に関する調査』（二〇〇四）によると、九割近くが同居家庭であり、接触時間も長く、虐待者の六割が主たる介護者として介護をおこなっている者でした。しかし、孤軍奮闘していたわけではないようです。介護に協力してくれる者や、相談相手はいるが実際に介護に協力する者がいない割合は、それぞれ四割弱でした。

これらのことを踏まえて、介護殺人を未然に防ぐ方法を考えてみたいと思います。介護家庭においては、閉塞的な環境にならないように、第三者の介入の必要性が指摘されています。そこで活用できるのが、介護者に協力してくれる人や相談相手です。ふつうは、介護で疲れているだろうから、たとえ一日でも半日でも代わって介護してあげれば、介護者は楽になるだろうと考えがちです。しかし、本当に必要なのは、高齢者の介護ではなく、いつも介護にあたっている介護者への介護（ケア）なのです。ひとりの時間を確保してあげることも大事ですが、要介護者だけに周囲の目が向くことで介護者の妬みや憎しみが募ることもあるのです。ですから、要介護者にはサービスを利用してもらって、介護者との濃密な時間を過ごしましょう。そうすることによって、介護者から孤立感は消え、また介護が続けられるのではないでしょうか。身近なところに協力者がいない場合には、ペットを飼うことをおすすめします。「高齢者の介護だけでも大変なのに、そのうえ動物の世話までできるわけがないじゃないか！」と思うかもしれません。しかし、長谷川（二〇〇二）は、ペットは家族のノンバーバルなコミュニケーションの要になって「迂回的な家族内コミュニケーション」が増える、と説明しています。また、一井（二〇〇三）は葛藤的会話場面に犬がいる条件と、いない条件でコミュニケーションにどのような違いがあるか実験をおこなったところ、犬あり条件では葛藤的な会話をしてもストレスは高くならず、相手に対する印象もポジティブなまま維持される結果となりました。このことは家族介護の場面でも適用してみることが可能ではないでしょうか。介護者と要介護者との間にペットがいることによって、問題は変わらなくともストレスが過度に上昇しないようなやりとりがなされ、二人の関係は維持されていくのではないでしょうか。

第2節

呼び方で対人距離が変わる

人は方言で話すとき、自由になる――竹中労

付属語こそが重要だ、それは対人関係を直接左右するから――長谷川啓三

【事例1】

老人福祉施設の利用者である大山さつきさんは八十五歳です。大山さんはもう十年ほど入居していて、施設のスタッフともすごく仲がいいのです。スタッフは大山さんのことを「さつさん」とニックネームで呼んでいます。また大山さんもスタッフのことをニックネームで呼んでいます。スタッフと大山さんはそのようなよい関係なのですが、最近問題も起きてきました。大山さんが決められた時間に薬を飲まなかったり、食事の時間に現われなかったりするようになったのです。スタッフは心配し、「さつさん、きちんとお薬飲まないと、体が悪くなっちゃうよ」「ご飯はちゃんと食べましょうね」など声がけをします。すると、そのときは「うれしいねぇ。そんなに心配してくれるなんて。長生きした甲斐があったというものだ」と冗談めかして泣く真似をし、その場のみんなを笑わせたりします。そしてそのうち大山さんがほかの話をし始めたりして関係は良好のままなのですが、次の食事どきには現われません。そこでスタッフが強く言うようにしてみましたが、やはり冗談として受け取られてしまうのか、なかなかうまくいきません。いったいどうしたらよいのでしょう。スタッフは考え込んでしまいました……。

【事例 2】

七十歳の中野幸一さんは五年前に脳梗塞を患いました。その後、食事は自力でできるのですが移動や排泄の際は介助を要するようになりました。中野さんは七年前に妻に先立たれてから、ひとり暮らしを続けてきましたが、病気を患った後から長男家族と同居をしています。そして長男勝さんの妻であるみつ子さんが介護をすることになりました。中野さんは意思の疎通は可能なのですが、いつも表情が暗く、長男家族との間に壁を作ってしまうところがあります。これまでずっと別居していて、顔を合わすのは正月くらいだったということもあり、みつ子さんにもなかなか打ち解けてくれません。中野さんからみつ子さんに話しかけることは、用事以外ではまずありません。それどころかみつ子さんが「お父様、今日はとてもいい天気ですね」などと呼びかけても、まったく答えてくれないのです。「私、嫌われているのかしら……」と、みつ子さんは心配になります。一日中顔を合わせていると憂鬱な気分になってきます。夫の勝さんに愚痴を言うこともたびたびです。勝さんはみつ子さんの気持ちをよくわかってくれ、ときどき中野さんに「みつ子に面倒かけているのだから、少しは考えてくれよ」と話します。でも勝さんがそう言えば言うほど、中野さんはさらにコミュニケーションをとらなくなってしまいます。

みつ子さんは介護が大変なこともあり、「もう面倒なんて見たくない！」という思いにかられてしまうのです。

問題を解くには——解決志向ケアで考える

先の二つの例はいったいどうすればよいのでしょうか。

ちょっとみると、「大山さんがわがままを言っているから、それをやめさせればいいのだ」とか「中野さんは世話になっているのだから、もう少し愛想よくするべきだ」と思われるかもしれません。もしくは「老人福祉施設のスタッフが、もう少しきちんと説明しないのがいけない」とか、「嫁のみつ子さんがやけになるのはおかしい。自分の夫のお父さんなのだから、そんなことを言わずにきちんと介護をしなければならない」という考えもあるでしょう。でも、それを当事者に伝えたところで「それができたら苦労しないよ！」と言われるのが関の山ではないでしょうか。

解決志向ケアでは、少し違った角度からこの問題について考えます。このような問題は誰かひとり（または複数）が悪いのではなく、その問題にかかわる人びとの間で交わされるコミュニケーションによって維持されていると考えるのです。つまり犯人探しをするのではなく、その問題がどのように維持されているのかに注目するということです。

この見方で眺めてみると、【事例1】では「大山さんが薬を飲まない→スタッフが注意→冗談という文脈で話が進む→大山さんが薬を飲まない」というような悪循環があるようです。また、【事例2】では「中野さんが暗い表情→みつ子さんは嫌われていると感じる→勝さんに愚痴を言う→勝さんは中野さんを非難→中野さんが暗い表情」というように、ぐるっと一周しているようです。

この悪循環をどうにかして切断すること。これが問題を解く鍵です。

解決のためにできること——呼び名を変える

それでは悪循環を切るためにはどうすればいいのでしょうか。悪循環を切るやり方はいろいろありますが、小さくて受け入れやすく、ちょっと面白いものが成功しやすいといわれています［1］。たとえば、「さつさん」

とニックネームで呼んでいたのを、「大山さん」という呼び方に変えるという取り組みはどうでしょう。「お父様」と呼んでいたのを、「お父さん」と呼ぶことにしてみてはいかがでしょう。

呼び名を変えることと、問題の解決はどんな関係があるのかと首をひねる方もいらっしゃるかもしれません。しかし実際、次のような事例が報告されています。

ある医療機関では、一人の患者が看護師に依存的になっていることが問題となっていました。看護師を愛称で呼び、看護師の手伝いをしたがるなど、自分はほかの患者とは違って特別であるかのごとく振る舞っていたのです。それに対する看護師の対応はばらばらで、その患者を愛称で呼び甘い対応をする者と、事務的に対応し病棟のルールを守らせようとする者とがいたそうです。その患者が看護師と馴れあいになり、規則を守ろうとしないこと、規則を守らせようとするとそれを被害的に受け取り、暴力にまで発展することがあることなどが看護上の問題として挙げられました。そこで、「病棟スタッフ全員がその患者を愛称で呼ぶことをやめ、同じ態度で接する」ということが介入として考えられました。雑談するときにも苗字に「さん」づけで呼び、馴れ馴れしく話しかけてくるときには「私はあなたの友達ではありません」と返すなど、徹底してこの方針を守りました。そうするとその患者は最初はムスッとした表情が多かったものの、それまで愛称で呼び甘えていた看護師をも苗字に「さん」づけで呼ぶようになるなど、変化がみられるようになりました。そして看護師への依存や他患者とのトラブルも減少し、問題が解決したそうです。

また、次のようなケースもありました。ある老人福祉施設で、いつも苗字に「さん」づけで呼ばれていた利用者がいました。しかしいつもどこか表情が暗く、ほかの利用者とも介護者とも打ち解けられない雰囲気でした。介護者が話しかけても、なんとなくそっけない態度を取られているように感じてしまいます。それで、意識はしていないのですが、介護者もほかの利用者に比べて話しかける回数が少なくなっていました。しかし、それではますますその利用者は介護者との間に距離を感じてしまいます。そこで介護者はその利用者にどうかかわっていけばよいのかを考え、その利用者の記録を見直しました。記録を見直してみると、その利用者は以前、学生時代に応援団長をやった経験があるということがわかりました。介護者は苗字に「さん」づけで呼ぶのをやめ、「団長」と呼ぶように変更してみました。すると笑顔が多くなり、大きな声で嬉しそうに返事をし、返事の仕方が好意的に変わったそうです。

丁寧な呼び名に変えること、親密な呼び名に変えること。この二つの事例は、一見まったく逆のことをしているようにも見えます。しかし、どちらも問題が解決の方向に向かっているといえるでしょう。それではこの問題解決には、いったいどういうからくりがあったのでしょうか。

問題の原因を個人に追求するのではなく、その問題にかかわる人々の間で交わされるコミュニケーションによって維持されていると考えると、悪いのは誰でもなく、コミュニケーションのパターン、様式が残念ながらうまくいっていないと考えられます。ですから、その固定化しているコミュニケーションのパターンに変化を加えることが重要なのです。つまり、丁寧にする、親密にするという違いはありますが、これらは両方とも呼び名を変更することによってコミュニケーションのパターンが変化し、生じた変容だと思われます。

話がややこしくなってきましたので、**【事例1】**で具体的に考えてみます。大山さんがスタッフの言うことを聞かず薬を飲まないのは、大山さんが悪いわけでもスタッフが悪いわけでもなく、スタッフと大山さんの間に繰り広げられているコミュニケーションが悪循環に陥っていると考えます。そこで「さつさん」と呼んでいたのを「大山さん」に変えて呼ぶようにします。すると、明らかにコミュニケーションのパターンが変化します。「大山さん」と呼ばれることで、大山さんにも「いつもと違う」というメッセージが伝わり、やりとりもいつもと異なるものになるかもしれません。また、スタッフの笑いながらの注意も、介護の専門家としての余裕を伴ったものになるかもしれません。呼び名を変えるということだけで、さまざまなことが起こる可能性ができるのです。

また、【事例2】の中野さんが殻に閉じこもってしまうのも、みつ子さんがもう介護したくないとうんざりしてしまうのもコミュニケーションのパターンが残念ながらうまくいっていないと考え、「お父様」を「お父さん」に変えてみます。中野さんは以前よりもみつ子さんに対し親密感を持ち、表情が明るいときが増えるかもしれません。それを受けたみつ子さんも、同じように笑顔が増えるかもしれません。

呼び名の変更の研究

また、このことは基礎的な研究からも確かめられています［2］。

この研究は、ある老人福祉施設の介護者を対象にしたものです。介護者に一週間、担当の高齢者を呼ぶとき、より親密度が増すような呼び方に変更するように依頼しました。たとえば苗字に「さん」づけで呼んでいたのを、名前に「さん」をつけて呼ぶ、などの変更がなされました。またほかの介護者には呼び名を変更せず、従来どおり呼ぶように頼みました。そしてその後、介護者に担当した高齢者の変化を質問紙に記入するよう依頼しました。質問紙には「会話をしているとき、表情が明るくなった」「呼びかけると、笑顔を示すようになった」「話しているとき目を見て話すようになった」などの、介護者－高齢者間の親密度の変化を測る質問項目（「コミュニケーション指標」）と、「頼みごとをしたとき、快く応じるようになった」「指導をしたとき、素直に対応するようになった」などの指導のしやすさの変化をはかる質問項目（行動指標）が書かれています。この研究の結果、呼び名を親密なものに変えたほうが、介護者－高齢者間のコミュニケーションは良好になるということがわかりました。また、コミュニケーションのなかでも細かく見ていくと、特に表情が大きく変化したという結果になりました。すなわち、呼び名をより親密に変更することによって、会話中笑顔が見られたり、表情が明るくなったりしたと介護者が認識したことがこの研究によって確かめられたのです。

小さいけれどすごいやつ！　呼び名の与えるインパクト

呼び名は、私たちの日常にあふれかえっています。誰かに呼びかけるとき、そこにはいない誰かのことを話すとき、呼び名がなくては話が進まないことも往々にしてあるでしょう。特に日本ではニックネームや、「〜さん」「〜くん」「〜ちゃん」などさまざまな呼び名があり、人によって、そして場面によって使い分けられています。

呼び名は公私を区別する目安ともなり、公的には苗字で呼ばれたり、「さん」「様」をつけて呼ばれたりすることが多いでしょう。また私的にはニックネームや名前で呼ばれたり、「くん」「ちゃん」をつけて呼ばれたり、または呼び捨てで呼ばれたりすることもあるでしょう。呼び名を聞くだけで、その場所や状況を推し量ることができるのです。

しかし、公私にかかわらず、その人の持つキャラクターや雰囲気によって苗字で呼ばれやすい人、名前で呼ばれやすい人などもいます。二〇〇三年に韓国ドラマ『冬のソナタ』が放映され、その後数年間日本では空前の韓国ブームが訪れました。その火付け役となったのは『冬のソナタ』の主人公である韓国の俳優「ペ・ヨンジュン」さん。ファンもマスコミも「ヨン様」とは呼びますが、「ヨンくん」と呼ぶ人はあまりいなかったようです。ペ・ヨンジュンさんというのはいったいどういう人なのかを知らなくても、かわいがられる存在、というよりも、憧れられる存在という印象が強いということが呼び名を聞いただけでわかってしまいます。呼び名が「様」だというだけで、その人に関するさまざまな情報が伝わってくるのです。

また、呼び名は呼ぶ人と呼ばれる人の間の関係性を表わします。同じ職場の仲間でも、プライベートでも仲のよい友達だとニックネームで呼びあうかもしれないし、仕事上のつきあいだけでそれほど親しくない人だと苗字にさんづけで呼びあうということもあるでしょう。

逆に言うと、呼び名を変えるだけで関係性まで変わってしまうことも多々あるように思います。友達同士で「くん」づけ、「ちゃん」づけで呼ばれていたのが、ある日突然呼び捨てにされたことで、急に親密になったような気がしたという経験、みなさんもお持ちなのではないでしょうか。

場面や状況、関係性など、さまざまなことをたった一語で表わすことのできる呼び名。だからこそ呼び慣れている、あるいは呼ばれ慣れている呼び名を変えることには、非常に大きなインパクトが伴います。コミュニケーションを変化させて問題を解決しようとするとき、これを使わない手はありません。

呼び名論争を超えて

一時期、「老人福祉施設は幼稚園か?」と批判されたことがありました。「たみさん、そんなことしたら駄目じゃない」「みんな、こっちに集まってね」。スタッフのかかわり方は、まるで幼稚園児を相手にしているときのようではないか、という批判です。

老人福祉法には、「老人は、多年にわたり社会の進展に寄与してきた者として、かつ豊富な知識と経験を有するものとして敬愛されるとともに、生きがいの持てる健全で安らかな生活を保障されるものとする」と書いてあります。利用者である高齢者は人間として尊重され、人生の先輩として尊敬されなければならないはずなのに、実態はそうではないのではないか、という非難が多かったのです。

呼び名についても「さつきさん」と下の名前にさんづけでは失礼であり、「大山様」というように苗字に様づけ、もしくは「大山さん」と苗字にさんづけするのが適切だという意見も多く聞きます。個人の人格は尊重されなければならないのに、名前にさんづけでは施設外の人や利用者の家族は違和感を覚えるのではないか、というのです。

しかし同時に、「様づけでは温かみを感じない」だとか「慇懃無礼な気がする」という声が聞かれるのも事実です。また、特に認知症の症状を持つ高齢者は、昔呼ばれていた名前やニックネームのほうが反応がよいということもあるようです。

いくら温かみがないからといって「ちゃん」づけは好ましくないなど、ある程度の枠はあります。しかし、老人福祉施設での「正しい呼び名」に関してはさまざまな意見があり、人によって感じ方も異なるものであると思います。

ここで強調したいのは呼び名の正誤ではなく、ある問題が生じたときに呼び名が問題解決のための強力な道具になる、ということなのです。呼び名はそれを用いる人々の間の関係性を規定するものといえます。ですからその呼び名を変えることは、人の間で交わされるコミュニケーションのパターンに変化を与えやすいのです。

しかも、呼び名を変えるということはとても具体的です。「利用者さんにもっと丁寧に接しましょう」「利用者さんにもっと親しみを持ってもらえるよう、スタッフの間でも温かな雰囲気作りを心がけましょう」と言ってみても、具体的に何をどう変えればよいのかわかりにくいこともあるかもしれません。また、大勢いるスタッフの間では曖昧な目標だと食い違いがみられるかもしれません。「このような問題があるので、今までこういうふうに利用者さんを呼んでいたのを、こう変えてみましょう」という目標だとわかりやすく、誰でも同じように実践することができます。

呼び名を変えるということは、非常に小さな取り組みです。小さな取り組みだからこそ、わかりやすくてやりやすいのです。それでいて、大きなインパクトを与え、大きな変化をもたらし得る取り組みなのです。あなたが対人関係で何か問題を感じていて、対人距離を変えれば問題がうまく解決しそうだなと思うときがあったら、ちょっと試してみてはいかがでしょうか。

［参考文献］

1――長谷川啓三「家族療法と治療言語――コミュニケーションのマネジメント側面について」『家族療法研究』一五、一七五－一七九頁、一九九八年

2――菅原（石井）佳代、高橋恵里香、生田倫子、長谷川啓三「呼び名の変更が促す態度変容について――老人福祉施設の高齢者を対象に」『家族心理学研究――第十八回大会発表抄録集』二九、二〇〇一年

第3節

逆説的コミュニケーション

絶対と言えるコトなど絶対にないってコトは絶対言える――枡野浩一[1]

今までとはちょっと違うことをやってみる

認知症（アルツハイマー型）で、このところ物忘れが激しくなったセツおばあちゃんのお話をしましょう。セツおばあちゃんの家には、たまに孫娘がひょっこりと顔を出します。孫娘はセツおばあちゃんの家に行くのをいつ

も楽しみにしています。しかし、困ったことが一つだけありました。それはセツおばあちゃんが、いつも同じことを何度も何度も質問してくるということでした。その質問とは「何時に寝るの？」という単純な内容です。はじめのうち孫娘は「十二時」、とその質問に律儀に答えていました。けれども何度も何度も質問されるうちに、だんだん嫌気がさしてきてしまいました。というのもセツおばあちゃんの質問は、きまってこの一つの質問だけで、それ以上話が広がらなかったからです。孫娘が調べたところによると、セツおばあちゃんは、およそ五分置きにこの質問を繰り返しているというのです。

　この退屈な質問に答えるのに飽きてしまった孫娘は、「今までとはちょっと違うこと」を試しにやってみることにしました。それは、セツおばあちゃんが「何時に寝るの？」という質問をしようとする直前を狙って、先回りしておばあちゃんに話しかけてみようという作戦でした。孫娘は、今まさにセツおばあちゃんが話しかけようとする瞬間に、おばあちゃんに向かって「ねえ、おばあちゃん！　わたし何時に寝るか知ってる？」と質問してみたのです。すると、驚いたことに、セツおばあちゃんから、「十二時、ふふふ」という返事が返ってきたというのです。孫娘はさらに「なあんだ。おばあちゃん、本当は知っているんじゃなーい。じゃあ、おばあちゃんは何時に寝ているの？」と質問を重ねると、「えへ。八時に寝てるよ」という具合に、どんどん会話が広がっていったというのです。セツおばあちゃんの表情はいつになく明るく、そんなおばあちゃんの様子を見て孫娘は思わずぷっと噴き出してしまうほどでした。

　この孫娘の先回りの質問をきっかけとして、退屈な一問一答の会話から、豊かな会話が繰り広げられていったのです。それからしばらくは、セツおばあちゃんの「何時に寝るの？」というおきまりの質問は続きましたが、ここ最近はめっきり少なくなったといいます。孫娘はこの状況を次のように振り返っています。

　おばあちゃんは、コミュニケーションのきっかけが欲しかったのではないでしょうか。きっと、ひとりきりで寂しかったのだと思います。最近は「何時に寝るの？」という質問はなくなって、その代わりに「どこに行ってきたの？」「いつも何しているの？」などの、違った種類の質問もしてくるようになってきています。そのほかにも「今日はねー、デイサービスに行ってきてねー、ボール遊びをしたんだよー。踊りもやったんだよー」などの会話もできるようになってきました。

逆説的コミュニケーション

じつは、この孫娘がセツおばあちゃんに対しておこなった「質問に答える」という今までの解決努力をやめ、「逆に質問する」という一八〇度ひっくり返した逆転の発想が、「逆説的コミュニケーション」という方法なのです。あらゆる手を尽くしても抜け出られない悪循環の状況から、ぱっと明るく道が開けたという経験をしているときは、意外とこの逆説的コミュニケーションが作用している場合があるかもしれません。コミュニケーションの悪循環を断ち切るには、この逆説的コミュニケーションはすごい威力を発揮するといわれています。しかし、逆説的コミュニケーションを意図的に使うには、ちょっとしたコツが必要となります。

それでは、これから逆説的コミュニケーションの作り方を、五つのステップに分けて紹介したいと思います。

［ステップ１］問題は何かを特定する

セツおばあちゃんのケースでは、問題はセツおばあちゃんが孫娘に何度も何度も同じ質問をすること。

［ステップ２］　その問題によって、誰がどのように困っているかを特定する

セツおばあちゃんの繰り返しの質問によって、孫娘が退屈しているということ。

［ステップ３］　その問題に対して、今までどのような解決努力を試みてきたかを特定する

孫娘は、セツおばあちゃんの繰り返しの質問に対して、その都度素直に「答える」という解決努力を試みてきた。しかし、その努力はすべて失敗に終わっている。

［ステップ４］　悪循環の図を描く

〔セツおばあちゃんの第一回目の質問〕→〔孫娘は「十二時」と素直に答える〕→〔しばらくの沈黙〕→〔セツおばあちゃんの第二回目の質問〕……。

［ステップ５］　悪循環を切断する

今までの解決努力をやめ、「今までとは違うこと」をする。この場合、孫娘の解決努力は「質問に答えること」であったが、これをやめ、「逆に質問すること」をおこなった。

悪循環の切断に使用される逆説的コミュニケーションのなかには、前記のような「今までとは違うこと」をするほかに、「症状処方」という、もうワンランク洗練された方法もあります。これは「症状」、すなわちここでいう「何度も質問する」を「まだまだ足りない、もっとするように」と指示（処方）するという方法です。たとえば、セツおばあちゃんが質問してきたら、「おばあちゃん、五分に一回の質問じゃ私さびしいのよ。三分に一回私にいろんな質問して！」と指示するのです。このように指示することによって、どちらに転んでも得をするというミラクルが出現するのです。すなわち、この指示によって、セツおばあちゃんから度重なる同じ質問がなくなったならば、症状がおさまったことになりますし、逆にセツおばあちゃんが今まで以上にいろんな種類の質問をしてくるようになったら、孫娘の退屈さは解消するのです。

以上が、逆説的コミュニケーションの作り方です。人は何かを覚えるとすぐに使ってみたいという衝動にかられるものです。そこで、このテクニックを正しく使えるようにするために、使用上の注意点についてのお話を付け加えておきましょう。

［**注意点1**］逆説的コミュニケーションは、逆説的な状況が発生しているときにのみ使用しましょう。逆説的状況とは、問題に対する解決行動を試みていているにもかかわらず、それが逆効果となって、問題がますます維持されてしまっているような状況のことです。したがって、問題に対する対処行動が問題の解決に役立っている場合に使っても、意味がありません。

［**注意点2**］症状処方をする場合には、症状をもっと出すための「もっともな理由」をはっきりさせましょう。前記の事例では、「さびしいから、もっといろんな質問して！」という「再枠づけ《リフレイミング》」がそれにあたります。

［**注意点3**］毎日ユーモアのセンスを磨くことに心がけ、小さくて面白い介入を目指しましょう。あなたは、セツおばあちゃんと孫娘とのやりとりをご覧になって、どのような印象を持ちましたか。逆説的コミュニケーションをうまく使うと、思わずクスっと笑いがこみあげてくるほほえましい状況が出現するとは思いませんか。どんな困難な状況におかれていたとしても、コミュニケーションの工夫次第では、日々の介護を楽しいものに変えていくことができるかもしれません。

構成主義というモノの見方

話は少々脇道に散歩しますが、「問題」とはそもそもなんであるかを哲学してみたいと思います。ここでは「構成主義」というモノの見方に基づき、セツおばあちゃんの事例をもう一度振り返ってみたいと思います[2][3]。

さて、セツおばあちゃんの事例における「問題」とは、なんだったのでしょうか。それは、セツおばあちゃんが何度も何度も質問してくることによって、孫娘が困っているという状況でした。しかしこれは、孫娘の視点です。それでは、ここで視点をさかさまにして、セツおばあちゃんの視点からこの状況を振り返ってみたいと思います。そうすると、どのような違った世界が見えてくるでしょうか。セツおばあちゃんの目からは、この状況は次のように見えていたことが推測されます。

セツおばあちゃんにとっては、せっかく孫娘が訪ねてきても、自分には何一つ提供する話題がない、なんとかこの沈黙の時間を埋めなくては、という焦りの気持ちがあったのかもしれません。その解決努力として、セツおばあちゃんは、そのときたまたま思いついた質問をするという対処行動を必死にとっていたのかもしれません。ひょっとしたらセツおばあちゃんが思いつく質問が、偶然にも毎回毎回「何時に寝るの？」という質問だった可能性だって否定できませんよね。もしそうであるならば、セツおばあちゃん自身も、この状況によって困っているひとりであったと見なすことができるでしょう。このように、「構成主義」ではこれまで「問題」とみなされてきた人も、見方を変えるとその人なりの「解決行動」をしてきたと捉えることも可能であると考えるのです。

さらに「構成主義」では「問題」を、話し言葉や身ぶり手ぶり、表情などのコミュニケーションによる相互拘束過程によって作られるものとして捉えます。セツおばあちゃんと孫娘の間で起こった「問題」も、おばあちゃんと孫娘がコミュニケーションのやりとりを通じて一緒に作り上げてきたものなのです。そのように考えるならば、コミュニケーションそれ自体を変えてしまえば、今までとは違う意味や現実が生まれてくると考えることができます。そうすることによって、これまで長らく問題とされてきたものが、たちどころに「問題」ではなくなってしまうことだって起こりうるのです。

これからご紹介するのは、高齢者向けの簡単なエクササイズです。これは「逆説」と「構成主義」という理論を基に作られた、誰でも今すぐにできてしまう簡単なエクササイズなのです。このエクササイズは「問題」が構成される性質を逆利用すれば、「解決」を作り出すことだって可能ではないかという発想に基づき開発されました。その名も「誰でも元気になる一分間エクササイズ」です。

誰でも元気になれる一分間エクササイズ

それでは「誰でも元気になる一分間エクササイズ」を紹介しましょう。これは三谷らが開発したエクササイズです[4]。このエクササイズをおこなうと、どんな高齢者の方でもみるみるうちに元気になってしまうのです。手順はごくごく簡単です。おじいちゃん／おばあちゃんと一緒に、次のような質問を使って会話をするだけでよいのです。

「○○さんの元気のなさはどれくらいですか。両手を広げた大きさで教えてください。一番元気がない状態を、最大限に手を広げた状態とすると、今の○○さんの元気のなさはどれくらいですか」

この質問をすると、きっとおじいちゃん／おばあちゃんはいろんな大きさに手を広げてくれることでしょう。元気はどれくらいと質問するのではなく、元気のなさはどれくらい、と尋ねるところがポイントです。それでは広げた手の大きさごとに、三つに場合分けしたコメントの仕方の一例を紹介していきたいと思います。

［その1］　中ぐらいに広げたときのコメント

「○○さんの元気のなさは中ぐらいなんですねー。ということは、○○さんの元気のなさは最大じゃないんですね。どうやってこれくらいの元気のなさでいられるのですか。どんないいことがあるからなのですか」

［その2］　最大限に広げたときのコメント

「○○さんの元気のなさは最大なんですねー。でも今ここでは、○○さんはぴーんと両手をいっぱいに広げられるくらい元気があるのですね。そんなにつらい状態にもかかわらず、どうやってこの大変な状況を乗り越えてこられたのですか」

［その3］　究極に元気がなくて、両手を広げるエネルギーすらない状態のときのコメント

「○○さん本当に元気がなさそうに見えるけど、手の大きさからは○○さんの元気のなさは中ぐらいということですね。どうやってこれくらいの元気のなさでいられるのですか。どんな小さなことでもかまいません、最近あったいいことをお話ししていただけませんか」

いかがでしたか。実施法はたったこれだけなのです。このような質問をきっかけにして、あとは自由におじいちゃん／おばあちゃんとの会話を広げていけばよいのです。

さて、「あなたの元気のなさはどれくらい？」という逆説の質問は「あなたの元気はどれくらい？」という順接の質問と、いったい何が違うのでしょうか。それは、逆説的な質問を使うことによって、どちらに転んでも得をするという状況が出現してくることなのです。自由な大きさに手を広げてもらった後に、三つに場合分けしたコメントを加えるだけで、質問に答えたおじいちゃん／おばあちゃんは、たとえそれにどのように答えたとしても、「自分は元気である」ということを表明してしまうという仕組みになっているのです。ここが逆説の質問のユニークなポイントです。

もしも質問者が、前述のようなコメントをした後に、おじいちゃん／おばあちゃんが「こんなのずるい。インチキだ」と騒ぎ始めたとしたら、どうしたらよいでしょうか。そんな場合は、次のようにコメントしてみるのもいいかもしれません。「○○さん、今ここでこんなに騒げるぐらい元気がおありなんですねー」と。ただここで注意。決して皮肉っぽく言っては駄目ですよ。

なかには、うーんこんな簡単な方法で元気になるはずがないと疑わしく思った人もいらっしゃるかもしれません。しかし、実際にこのエクササイズはやってみないと効果がないのです。お医者さんからもらってくる薬も、せっかくもらってきても眺めているだけでは病気はよくなりませんよね。実際に飲んでみてはじめて薬利作用が発揮されるのです。一度だまされたと思ってやってやってみてください。

もともとこのエクササイズは、筆者らの臨床経験に基づいて開発されたものでした。そこで、その経験が広く万人に効果があるものなのかを、実験によって検証してみることにしました。このエクササイズで使われたのと同様の逆説の質問を、成人四十一名の被験者に実施し、その後、簡便な感情についての質問紙に答えてもらいました。その結果、「抑うつ不安」「敵意」などのネガティブな感情が低下し、逆に「ゆったりとした」などの非活動的快の感情が高まってくることが実証されました。すなわちこれは、質問という「情報のやりとり」だけで、「元気が出てくる」という感情変容がもたらされるということを意味しているのです。人は情報と意味の世界に生きています。情報によって元気を失うこともあれば、逆に元気になることだってあるのです。

これまでみてきたように「自分がどれくらい元気であるか」という現実は、もともとその人のなかに内在されているものではなく、コミュニケーションのやりとりのなかで構成されていくものであるということが実感いただけたでしょうか。

このエクササイズは「逆説的コミュニケーション」「構成主義」の要素のほかにも、さまざまな治療的要素がちりばめられている治療的コミュニケーションの宝庫といえます。最後に、それらを紹介して本節を締めくくりたいと思います。

A. スケーリング・クエスチョン

私たちは日常の挨拶で何気なく「元気?」と声がけをします。しかし、このように質問された人は、「元気です!」あるいは「元気ではない」という二者択一の返答をするように、無理やり押し込まれてしまうのです。たまに「ぼちぼち」と答える人もいるかもしれませんが、このような二者択一の仕方で質問をしてしまうと、反応の選択幅は極端に限られてしまうのです。しかし、次のように質問してみると、反応の選択幅がぐんと広がるのです。「あなたの元気はどれくらいですか。0点を一番元気がない状態、100点を一番元気な状態とすると、現在のあなたの元気はどれくらいですか」と。このような質問は「スケーリング・クエスチョン」と呼ばれています[5]。「スケーリング・クエスチョン」は、ある状態を0あるいは100のどちらかに無理やり押し込むのではなく、小さい変化を見逃さず中間のグレーゾーンを開拓していくのに非常に有効な質問法と言えます。「誰でも元気になる一分エクササイズ」では、このスケーリングの要素が取り入れられているのです。

B．非言語コミュニケーション

「非言語コミュニケーション」とは、言語以外の表情や身ぶり手ぶりによるコミュニケーションのことです。

例として、誰かが今までできなかったことができるようになったことを、あなたが褒めるという場面を考えてみたいと思います。ここで私たちは普段なら、「すごい！」と言葉を使って表現します。しかし、「非言語コミュニケーション」では「すごい！」と言葉で表現する代わりに（あるいは同時に）、「驚いた表情を浮かべながら、拍手をする」「両手を挙げて、後ろにひっくり返る」などの行動をとることになります。「誰でも元気になる一分間エクササイズ」では、「あなたの元気のなさはどれくらい？」という質問に0点から100点で答える代わりに、「手の大きさ」で答えを求めているところに非言語コミュニケーションが取り入れられているのです。

C．逆説的ストレッチ効果

「あなたの元気のなさはどれくらい？」という質問に答える場合、回答者は元気がなければないほど、両手をいっぱいに伸ばすということになります。すなわち、元気のない人ほど大きくストレッチをすることになるので、どんどん元気になってしまうというわけです。

［参考文献］

1――枡野浩一『かんたん短歌の作り方』筑摩書房、二〇〇〇年
2――長谷川啓三『ソリューション・バンク――ブリーフセラピーの哲学と新展開』金子書房、二〇〇五年
3――長谷川啓三編『構成主義――ことばと短期療法』至文堂、一九九一年
4――三谷聖也、山中千鶴、三澤文紀、長谷川啓三「非言語語とパラドックスに着目した質問法に関する研究」『第一九回家族心理学会発表抄録集』三三号、二〇〇二年
5――ピーター・ディヤング、インスー・キム・バーグ／玉真慎子、住谷祐子監訳『解決のための面接技法――ソリューション・フォーカスト・アプローチの手引き』金剛出版、一九九八年

2

【コラム】――介護をめぐる事件――私ならこう解く

ホームヘルパーが要介護者宅で盗みを働く

ホームヘルパーが要介護者宅で盗みを働く。決して多くはありませんが、現実にこのショッキングな事件は起こっています。ほとんどのヘルパーさんは、もちろんお金を盗んだりしません。ごくごく少数の人が、もともとは要介護者の介護に親身に取り組んでいたにもかかわらず、盗みを働いてしまうのです。

この本では、ある出来事を相互作用の視点をもって眺めることをおすすめしています。ここでも

盗みという事態を、盗んだ人の性格とか生い立ちなどのせいにするのではなく、盗んだ人とその周りの人とのやりとりのなかにその経緯を求めたいと思うのです。

これはもちろん、盗んだ人をかばっているのではありません。盗みは犯罪です。罪は問わねばなりません。ここで言っているのは、解決策を探すためには相互作用の視点に立つことが役に立つということなのです。盗みにいたるまでのやりとり、盗みの習慣化を支えたやりとりの様子を知ることで、盗みを防止するきっかけを探るのです。

「盗む気持ちがわからないでもない」と話してくれたヘルパーさんがいます。彼女はパートでヘルパーをしています。パートですのでお給料は要介護者宅で実際に介護した時間ぶんだけしかもらえません。要介護者宅への移動時間や、記録を書く時間についてはもらえないわけです。ヘルパーの仕事は重労働です。やりがいを感じながら親身に取り組んでいても、「やってられない……」というやりきれない気持ちになることも少なくないといいます。

このように話してくれたヘルパーさんはそんなとき、同僚と愚痴を言いあうそうです。そうすることですっきりして、また仕事に取り組めるということでした。「愚痴でも言えないとストレスがたまって、高齢者からお金をとってしまおうなんてことも考えてしまうかもねえ」。そう聞いて、それほど大変な仕事なのだと改めて思ったものです。

最初の盗みは出来心だったかもしれません。「これだけ大変な思いをしてるんだから、帰りにパフェくらいおごってもらったっていいじゃない」と、五百円盗んでしまったとします。しかし、それが気づかれなかった。「今日もおごってもらっちゃおう」「今度はあれがほしいな」などとエスカレートしてしまうのに大して時間はかからないでしょう。エスカレートしていく。それでも気づかれない。「要介護者が気づかなければ、誰にも気づかれるはずがない。絶対ばれない！　大丈夫。

また、あれを買ってしまおう……」。このような心のなかでの自分自身との会話が、気づかないために何も責めない要介護者に皮肉にも支えられてしまうわけです。そして、いつの間にか相当な金額を盗んでしまうことになるのです。

さて、それではどうすればこのような盗みを防止できるでしょうか。大切なのは介護者と要介護者の関係を二者関係に閉じないことです。その家で介護者と要介護者が介護関係を築いているということを、いろんな人が知っていることが重要なのです。たとえば、大変な思いをして介護していることを同僚がわかってくれているとか、近所の人や民生委員などがちょくちょく要介護者宅を訪ねてくるとか、なんだっていいのです。ヘルパーさんにとって、「この介護関係を近所のあの人が知っている」という意識は盗みの大きな抑止力になるのです。

ヘルパーさんが介護の過程でさまざまな人とかかわることは、気がまぎれたり楽しかったりするものでもあります。このようにヘルパーさんにとってもプラスになる方法での解決策を探ることは、とても大切です。

第4節　非言語コミュニケーション

目はくちほどにものをいい――都々逸

非言語コミュニケーションの重要性

あなたは、ずっと人とコミュニケーションをとり続けることはできるでしょうか。一日中、絶えることなくコミュニケーションをとり続けるのです。そんなこと無理に決まっていると思われた方が大半かもしれません。しかし実際は人間は誰かと同じ場所にいるときは、絶えずその人とコミュニケーションをとり続けているのです。「目は口ほどにものを言う」という、ことわざがあります。恋人同士では、言葉は発しなくても視線を交わしあうだけで「愛している」と伝えあうことがあります。視線を送らないことも「今あなたとかかわりたくない」とか「今忙しいのであとで話をしよう」というメッセージになるかもしれません。視線のほかにも、うなずくことで相手に対して賛成するという意味を伝えたり、ほほえむことで好意を示したりすることもあるでしょう。さらに黙ったままでいることさえ、話をしていることになります。何か要求をされたとき目を合わさないようにして黙っていることは、それを拒否したいという意思を伝えていることになるかもしれませんし、褒められた後にほほえみながら黙っているときは、嬉しく恥ずかしい気持ちを伝えていることになるかもしれません。つまり、人間は言葉を発しなくてもしぐさや表情などでコミュニケーションをとり続けているのです。このしぐさや表情、言葉の抑揚などを非言語コミュニケーションといいます。すなわち、口に出して発言する言葉（言語）以外のコミュニケーションのことです。

このように非言語コミュニケーションは、意識的、または無意識的に絶えず続いているものであり、大きな力を持つコミュニケーションです。また、非言語コミュニケーションを使うことによって、言語で話している内容を補足することができます。ですから、非常に重要なものなのです。

高齢者と接するとき、非言語コミュニケーションを理解することは大切です。特に認知症を患っている場合、自分の伝えたいことを言語で表現するのが難しい高齢者も多くいます。しかし、案外、非言語コミュニケーションでは豊かに語っていることも多いのです。特に高齢者になると言葉や体の機能が低下することが多いので、身ぶりが大きくなるなど、非言語コミュニケーションが際立つようです。こちらが話しかけるとき、表情は笑顔なのか、怒りを浮かべているのか、切ない表情をしているのか、うなずくのか、首を振っているのか、何かを話そうと頭を動かしているのか、いらいらして指を細かく動かしているのか、視線をこちらに向けているのか、上のほうを向いているのか……。非言語コミュニケーションに注意して見ることで、驚くほどの情報が得られるものなのです。

さわること・さわられること

あなたは、かわいらしい赤ん坊がそばにいたら、どうしますか。きっと手を伸ばして頭をなでたり、頬をぷにぷにとつまんだりしたくなるのではないでしょうか。それでは高齢者がいたら、どうでしょうか。同じように感じることがあるでしょうか。

赤ん坊は親だけでなく、さまざまな人からさわられることが多いものです。成長するにしたがって、いろいろな人にさわられることは少なくなっていきますが、親に頭をなでられたり、恋人や配偶者に抱きしめられたりするなど特定の人とふれあうことはあるでしょう。結婚して子どもができると、親として子どもとのふれあいも多くなります。しかし、高齢者になるとふれあうことが極端に少なくなるのです。自分の子どもは成人していますので、肌にふれることは少なくなります。配偶者とも死別したり、一緒に暮らしていても昔ほどふれあわなかったりするかもしれません。高齢者は誰にもさわられなくなっていきます。しかし、そのようなことに気づく人は少ないでしょう。

高齢者はふれられることが少ないからこそ、高齢者にとって肌のふれあいは重要なことです。ふれると体温が伝わります。体温が伝わると安心感を持つことができるのは、子どもでも大人でも同じことです。

「手当て」という言葉があります。「手当て」というのは「けがなどに対して処置をすること」という意味ですが、「痛むところに手を当てて治す」ということからできた言葉だといわれています。体温を測るときも体温計を使う前に、まずおでこに手を当てることも多いですよね。手を当てることで痛みを和らげたり、癒やしたり、状態を知ったりすることができるのです。

「さわる」こと、「さわられる」ことの効果は絶大です。そしてさわられることが少なくなっていく高齢者にこそ、そっとふれるように心がけることが必要なのです。

ある介護士の方がこんなことを言っていました。「お年寄りにふれると、笑顔になったり、とても嬉しそうな顔をしたりすることが多いのです。声をかけるだけより、喜ばれるみたい」。どんな言葉よりも、温かいメッセージが伝わっているのかもしれませんね。

えーと、あー、うーん——間投詞の意味と活用

高齢者の方と話をしていると、「あー」「んー」といった特別意味をもたないことを言っているなあ、と感じることも多いと思います。このような語は言い淀みの間投詞といいます。言い淀みの間投詞は、話す人が何かを思い出そうとするときに使われたり、次に何を話したらいいかを考えるときに使われたりするといわれています。また、言いづらいことを言いたくないときや、逆に言いづらいことを言おうと思うときなどに使う人は多いかもしれません。この間投詞、意味を持たないだけに「無駄なものだ！」と考えられがちです。しかし、じつは会話のなかで大事な役目を果たしていることが多いのです。例を見てみましょう。

【事例1】

八十八歳の利治さんは寝たきりで、息子の嫁の奈美子さんが自宅で介護をしています。利治さんは、意思疎通は可能なのですが、口ごもってしまい、うまく言葉が話せません。

言いたいことがうまく伝わらない利治さんは、かんしゃくを起こすことがたびたびありました。息子の雄治さんが「いったいどうしたんだ？」と尋ねると、「んー」。奈美子さんはすかさず、「おじいさん、お腹がすいたのよね」と助け舟を出します。しかし、利治さんのかんしゃくはなかなかやまないのでした。

このケースでは、雄治さんの「どうしたんだ？」という問いかけに対し、奈美子さんは「沈黙になると、おじいさんが心苦しく思うのではないか」とか「おじいさんの味方になってあげなければ」などと思い、利治さんの

言葉を代弁してあげています。しかし、これが悪循環となっているのです。つまり、言いたいことを伝えようとして利治さんが「んー」と話し出すと、奈美子さんが割って入ってしまうため、利治さんはますます話せなくなってしまうのです。ここでの解決法は、利治さんの「んー」という間投詞に割り込んで話をするのではなく、「うんうん」と相づちを打つようにしてみるということです。ふつう、人の発言に割り込んで自分の話をするというのは「申し訳ない」という気持ちもあり、なかなかできないものですが、間投詞は内容がある発言ではないので、割り込みやすいものなのです。さらに奈美子さんの場合、利治さんのことを慮り「おじいさんのために！」と思ってしていることなので余計そうなのでしょう。しかし、利治さんの「んー」はこれから話し始める、という合図になっているとも考えられます。その後になかなか言葉が出てこないことも多いでしょうが、「うんうん」と相づちを打ちながら、それを大事に扱うことが重要なのです。こうすることで利治さんの「言いたくてもうまく伝えられないもどかしさ」を、共有することができるのではないでしょうか。

コミュニケーションをするとき、伝えているものとは

「こっちに来なさい」

「こちらに来ていただけませんか」

この二つの文章は、どちらも「自分のいるほうに来てほしい」ということを示しています。伝えている内容は同じなのに、受ける印象は何かが違います。

「あなたはプラス思考でうらやましいです」

前向きにがんばっている人が、このように話しかけられました。

「あなたはプラス思考でうらやましいです」

深刻な問題が起こっているときなのに、何も手を打とうとしない人がこのように言われました。

どちらも「明るい性格でうらやましいです」という同じ言葉です。でも、なんとなく意味が違うような気がしませんか。

これらはいったい何が違っているのでしょうか。伝えている内容は同じなのに、何かが違います。じつは人間がコミュニケーションをするときに伝えているものは、内容だけではないのです。相手との関係をも伝達しているのです。

このように、コミュニケーションには内容を伝えるという側面と関係を伝えるという側面があります〔1〕。長谷川らは、この関係を伝えるコミュニケーションをマネージメント・コミュニケーションと名づけています〔2〕。マネージメント・コミュニケーションは言語コミュニケーション、非言語コミュニケーションどちらにもあります。でも、特に非言語コミュニケーションに多くみられるようです。

最初に「あなたはプラス思考でうらやましいです」と言った人は、笑顔で話しかけたのでしょう。二番目に「あなたはプラス思考でうらやましいです」と言った人は、引きつった笑顔で言葉の抑揚も普通とは違う嫌みったらしいものであったかもしれません。非言語コミュニケーションを使うことによって、同じ言葉でもまったく違う意味を伝えることができるのです。

しかし、だからこそ注意が必要なことも多いでしょう。たとえば、先に高齢者にふれることで温かいメッセージが伝わると述べましたが、さわり方次第で、好意以外のメッセージを伝えてしまいかねません。いくらふれあいが大切だといっても、高齢者の頭をなでるようにさわるのではどうでしょうか。その高齢者を子どものように扱っている、見下しているといったメッセージを伝えてしまうことになるかもしれません。しかし頭をなでる場合でも、幼いお孫さんがかわいらしい手でふれるのは高齢者にとって、とても嬉しいことかもしれません。つまり、さわるという行為は同じでも、マネージメント・コミュニケーションであるさわり方やさわる場所、さわる人とさわられる人の関係などによって、伝わるメッセージが変わってくるのです。

3 【コラム】——介護をめぐる事件——私ならこう解く

高齢者のストーカー

高齢者がストーカーをおこなうという事件が、世間を騒がせています。若い女性をつけまわして交際を迫る高齢の男性、入院中に看病してくれた看護師につきまとい、ついには傷害事件にまで発展してしまった事件……。痛ましく、なげかわしい事件ばかりです。

平成十六年の年末には、七十歳の高齢者が女子高生に好意を持ち、交際を迫り続けるというストーカー事件が起きました。この事件はなぜ起きたのでしょうか。七十歳の男性があなたの家族だったら、あなたはどうしますか。

まず、この事件が起きた背景を考えてみましょう。とはいっても、記事には詳しい情報が載っていないので、すべて想像であることをお断りしておきます。まず、この七十歳の男性が女子高生に好意を持ったところまではごく自然な成り行きといえるでしょう。この本でも第2章第3節に詳しく述べていますが、老年期でも異性への関心や性的欲求を持つのは当たり前のことなのです。

しかし、その後女子高生をつけまわすという事件を起こしてしまいます。さらに警察の指導が入った後でも同じことを繰り返してしまうのです。

これには（あくまでも想像上の話ですが）家族や知りあいのなかでの悪循環、女子高生との悪循環、警察との間での悪循環があったのかもしれません。

まず家族や知りあいのなかでの悪循環としては、この男性の恋心を聞いてあげる相手がいなかったということが考えられます。また、もしかしたら聞いていても「またおじいちゃんはそんなことばかり言って、恥ずかしい！」と、まじめに取りあっていなかったのかもしれません。

次に、女子高生との間での悪循環が考えられます。その女子高生は加害者の男性につきまとわれたり、突然の告白を受けたりして驚いたことでしょう。そして「やめてほしい」と願いながら無視しつづけた対応が、加害者には「自分の思いが伝わっていない」というメッセージとして伝わり、加害者は何度も告白しつづけたのかもしれません。または、もしかしたらこの女子高生も高齢の加害者の気持ちを慮り、「はっきり言うのもかわいそう」と、きつくは断れなかったのかもしれません。

最後に、警察との間での悪循環では次のようなことが考えられます。その高齢の男性は「好意を持ったら思いを伝える」という男らしいやり方で、それまでずっと恋を成就させてきたのかもしれません。昔はストーカー規制法はありませんでしたし、そのやり方が悪いことだとは思いもよらなかったのかもしれません。さらに高齢者は横文字に弱いということもあり、「ストーカーうんたら」と言われてもわけがわからなかったという可能性があります。

それでは、どうしたらこの事件は解決できるのでしょうか。提案したいのは、家族が「その女子高生の魅力を高齢者本人から聞かせてもらうこと」です。その高齢者はその子のどこが好きなのか、どんな会話を交わしたのかなど、しみじみと尋ねてみることです。もちろん、家族にとっては抵抗がおありのことでしょう。ただ、ひょっとしたら初恋の人に似ているのかもしれませんし、女の子と話すことがただ楽しいのかもしれません。じっくり聞くことで、高齢者も自分の気持ちを整理できます。話をすることである程度満たされるものもあるのです。ストーカーはいつもひとりぼっちです。ひとりで誰にも言えない思いをふくらませて、意中の異性に集中してしまいます。ですから、話を聞くことは効果的な解決法なのです。

そしてもう一つ大切なのは、ストーキングにあてていた時間をどのように使うかという視点です。「何かをやめる」という目標を実行するのはとても難しいことです。その「何か」はその人にとって役に立っていたり、楽しかったりするものだからです。ですから、「何かをやめたい」ときはその代わりに「ほかの何かをする」という目標を立てることが有効なのです。この事件の場合は、ストーカーをやめるように言うだけでなく、「おじいちゃんのやりたいことを聞いて、その橋渡しをしてあげる」ことが必要でしょう。それが「老人会に入って、ほかの人とふれあいたい」ということかもしれないし、「恋心を誰かに聞いてほしい」ということかもしれません。

非言語コミュニケーションと言語コミュニケーションとの矛盾

このように、言葉で言っていることは同じでも、非言語コミュニケーションによってまったく違う意味を伝えることができるというのは、ときに困ったコミュニケーションになることもあります。たとえば次のような例はよくみられるでしょう。

【事例 2】

七十二歳の光男さんは気がつかないうちにパニックを起こし、たびたび粗相をしてしまうようになりました。ふと我に返ると、昔はこんなことはなかったのに、と自分の衰えをとても無念に感じてしまいます。それと同時に羞恥心や家族に対する罪悪感も持っていました。つい、「親父、しっかりしてくれよ」と言ってしまうこともたびたびです。汚物まみれになっている光男さんを見て、息子の博樹さんは露骨に嫌な顔をして避けてしまいます。そんな自分の行動に自責の念を感じてはいるのですが、昔の厳しく、かくしゃくとした光男さんの姿を思い出すにつけ、今の衰えた光男さんを見るのがつらくてたまらないのです。でも、光男さんはいつも責められている気がしてひどく傷ついてしまいます。

光男さんと同居をしている博樹さんの妻、正子さんはそんな光男さんをかわいそうに思い、「お父さん、大丈夫ですよ」と声をかけ、汚れた場所の掃除をしたり光男さんが体を洗うのを手伝ったりします。「すまないねぇ」としょんぼりしていると、正子さんは重ねて「本当に大丈夫ですから、気にしないでください」と声をかけます。でも、そう言いながらすごく困った顔をしているのです。光男さんは「〈大丈夫です〉という正子さんの言葉を信じていいのだろうか、しかし、すごく困った顔をしているし……」とわからなくなり、いつも混乱してしまうのでした。

息子の博樹さんと嫁の正子さんの対応を比べてみると、一見正子さんの対応のほうが光男さんに優しい言葉をかけていて、誠実で正しい、と思われるかもしれません。しかし、じつは正子さんの対応は臨床心理学の分野では「ダブルバインド」と呼ばれる、困ったコミュニケーションになりうるのです。

ダブルバインドとはごく簡単に言うと、言語で伝えている内容と非言語で伝えている意味が食い違ってしまい、さらにその状況を避けることができないという状態に陥ったコミュニケーションです。正子さんは言語では「大丈夫ですよ」と光男さんが粗相をしたことに対して、全然気にしていないし、困ってもいないという内容を伝えているのですが、非言語では困った表情をしています。光男さんが粗相をするたびにこの状況が繰り返され、光男さんはこの状況から逃れることができません。さらに非言語コミュニケーションが、伝わるメッセージとして重みがあるので、光男さんは混乱してしまうのです。

博樹さんの対応も光男さんにとって傷つくものではありますが、言語で伝えている内容と非言語で伝えている意味合いが一致しているという点では、混乱するということはないかもしれません。

しかし、もちろん博樹さんの対応や正子さんの対応が責められるべきものである、と言っているわけではありません。博樹さんは自分の父親が老いていく姿を見て、非常につらい気持ちを抱えているでしょう。父親を傷つけるような言葉をあまり言いたくない、と思って避けるようにしているのかもしれません。露骨な嫌な顔も自分に対する罪悪感の表われとも考えられるでしょう。正子さんも実の親でもないのに、甲斐甲斐しく世話をし、優しい言葉をかけようと努力しています。困った表情をするのは、光男さんに対してではなく、うまく世話をできない自分がふがいないと思っているのかもしれません。誰も悪くはなく、むしろそれぞれががんばっているのですが、うまくいっていないのです。

このようなときは、非言語コミュニケーションに着目してみましょう。言語と非言語が矛盾しているような困ったコミュニケーションに気をつけるだけでも、解決の糸口が見えてくるかもしれません。

非言語コミュニケーションを変えてみる

【事例2】のように非言語コミュニケーションが悪循環となり、問題を形成していることも多いものです。つまり、［光男さんが粗相をする→博樹さんが嫌な顔をしたり叱責したりする→光男さんは責められているように感じる→正子さんは光男さんをかばい、〈大丈夫ですよ〉と声をかけるが、困った表情をしている→光男さんはさらにしょんぼりして混乱する→パニックを起こし、光男さんが粗相をする」という悪循環になっているとみることができます。

それでは、悪循環を切断し、問題を解決するにはどうしたらよいのでしょうか。

【事例2】では、言語コミュニケーションで伝えている内容と非言語コミュニケーションで伝えているメッセージを同じものにするということが、悪循環を切る取り組みとして一つ挙げることができるでしょう。とはいっても、正子さんはやはり「困っている」という気持ちがどこかにあるから、そのような表情をしているのでしょうし、ただ単に困った表情をするのをやめる、というのはとても難しいことでしょう。「大丈夫ですよ」という気持ち、「困っている」という気持ちはどちらも持っているし、どちらの気持ちも本当なのです。でもその両方を光男さんに向けると光男さんは混乱してしまいます。このようなとき、片方の「大丈夫ですよ」を光男さんに向けるのなら、もう片方の「困っている」をほかの誰かに向けるといいのです。たとえば夫である博樹さんにその気持ちを聞いてもらうのもいいかもしれません。もう一つのやり方としては、非言語コミュニケーションで示される「困った表情」を言語コミュニケーションで表わしてみることです。つまり光男さんに、「大丈夫、という気持ちはあるのですが、自分自身がふがいなく感じるのでこのような表情をしてしまうことが多いかもしれません。気になっていたら、ごめんなさい。けれどもお父さんのことが困るということではないのですよ」と、伝えてみましょう。光男さんも「どちらかわからず混乱する」という状態を脱することができるかもしれません。

非言語コミュニケーションと無意識コミュニケーション

非言語コミュニケーションは無意識におこなわれていることが多いものです。「今相手のことを見よう」「相手の話に対してこのタイミングでうなずこう」とずっと考えながら話している人は、まずいないと言ってよいでしょう。また、非言語コミュニケーションを受け取る相手も、「この人は今ほほえんでいるから、私に好意を持っているのだ」とか「視線をそらしているから、私を避けようとしているのだ」というふうに感じることは少なく、「なぜかわからないけれど、なんとなく雰囲気で」そのような感じを受ける、ということがほとんどです。すなわち、非言語コミュニケーションのほうが、するほうも受け取るほうも、言葉での会話よりもずっと意識せず、なかなか気づきにくいものなのです。

意識されにくいものであるからこそ、非言語コミュニケーションのために問題が続いてしまうような悪循環に陥っている場合は厄介です。非言語コミュニケーションは無意識におこなわれ、無意識に受け取られているものなので、問題を解決しようといろいろやってみても何かうまくいかないし、それがいったいどうしてなのかがさっぱりわからないからです。しかも、与えるメッセージは言語より重みがあり、重要なものです。ですから、問題が続いてしまっている場面でいつもやりとりされている非言語コミュニケーションに気づくことが解決の鍵なのです。

非言語コミュニケーションが無意識におこなわれている、こんな事例があります。

【事例3】

山下恭子さんは、経験豊富なベテランの介護福祉士です。山下さんは週に二度、担当の大野しづさんの家を訪問します。しづさんはひとり暮らしですが、娘の友恵さんが毎日のように様子を見に、しづさんの家を訪れます。山下さんが訪問するときには、だいたい娘の友恵さんも一緒にいることが多いのです。山下さんはしづさんと友恵さんと三人で話しているとき、いつも友恵さんのほうを見て「最近、お母さんの調子はどうですか」と問いかけ、しづさんの状態を把握しようとします。山下さんは高齢者に敬意をもって対応する重要性はわかっていますし、いつもしづさんに対して敬語を使うなど気をつけているのですが、無意識に視線を友恵さんのほうに送ってしまっているのです。しかし、これでは「しづさんはきっときちんと答えられないだろうから、しっかりしている友恵さんに聞こう」というメッセージを、しづさんに送ったことになってしまいます。これは無意識だからこそ、してしまうことですが、非言語コミュニケーションが伝える意味ということを理解していれば防ぐことができる可能性が高くなります。

明日から、いつもは気づきにくい非言語コミュニケーションにちょっとだけ注意を払ってみましょう。すると普段とは違う何かが起こるかもしれません。

［参考文献］

1——ポール・ワツラヴィック、ジャネット・ベヴン・バヴェラス、ドン・D・ジャクソン著、尾川丈一訳『人間コミュニケーションの語用論——相互作用パターン、病理とパラドックスの研究』二瓶社、一九九八年

2——長谷川啓三、児玉真澄、牛田洋一、若島孔文「インタラクティヴ・ジェスチャーズ」『家族心理学年報』一四、一九九六年、二三三－二四五頁

第5節

黒字ノート法の活用

ポイントはコミュニケーションである。介護者の仕事とは、要介護者の残された能力を最大限に使って要介護者を取り巻くコミュニケーションが円滑になるように援助すること、悪循環を遠くすること――長谷川啓三

対話の速度を緩めながら途切れさせず保ち続けること

老年期は急速にコミュニケーション能力が衰えるため、高齢者を取り巻く会話が希薄になりがちです。しかしある道具がコミュニケーションをふたたび円滑にするのを助けてくれます。その道具とは一冊のノートです。本節では何の変哲もない一冊のノートに、新たな光が当てられます。コミュニケーションを補い広げる道具として使用することで、それは魔法のノートへと変貌を遂げるのです。

心理学者の小野直広氏が「黒字ノート法」と呼ばれる援助技法を開発しました[1]。これは教育や心理臨床の分野で活用されている方法で、具体的には学校場面で問題とされている子どもについて、その保護者と担任との間で、子どものよい部分、すなわち「黒字」だけを書き記したノートを交換するというものです。ノートの運び役はその生徒が担います。

このやりとりを何度か続けていくうちに、保護者と教師との関係がだんだんとよくなっていくという変化が表われます。周囲の関係が良好だと子どもの様子もよくなってきます。ノートを生徒がチラッとのぞくことがあっ

ても大丈夫です。書かれているのはことごとく自分についてのよい部分なのですから。子どもは保護者からも教師からも褒められていることを実感し、よい反応が拡大していくのです。

本節では、この「黒字ノート法」を介護場面に適用する試みをしました。前半では「黒字ノート法」の介護場面での活用の可能性を検討していきます。後半では、実際の事例を通して「黒字ノート法」の活用例を紹介していきます。

「黒字」とは「例外」のこと

「黒字」とは「赤字」と対比して、よい部分や問題が起きていないことの比喩として用いられています。このことはみなさんお気づきのように、これまで述べられてきた「例外」と全く同じことです。ただご年輩の方にとっては「例外」や「ソリューション」という言葉はなじみが薄いものです。「ノートに例外を書いてみてください」とお願いをするよりも、「今日あった黒字の出来事、たとえばよかったこと、得したこと、幸せだなと感じたことをこのノートに書いてみてください」とお願いするほうがスムーズに導入することができるでしょう。「黒字」という用語は、とりわけ高齢者にはしっくりとくる言葉といえるでしょう。

新たなコミュニケーション・スタイルを築く

黒字ノートの交換によって、今までにない新たなコミュニケーション・スタイルを作り上げることができます。

人は老いるにしたがい、コミュニケーションの仕方が変化します。たとえば、聴覚機能の衰えによって何度も聞き返したり、認知症の症状の進行により、今まで話していたはずの話をすっかり忘れてしまうこともあります。特にオーラルな（口を使った）コミュニケーションに支障が出てくるといえるでしょう。このように高齢者は、日々「変化」の只中を生きています。にもかかわらず、家族や介護者など周囲の人々が「今までどおり」の会話中心のコミュニケーションを続けていくならば、きっとズレを生じさせ、悪い循環を発生させることでしょう。

このような状況に「黒字ノート法」を導入すると、文字のやりとりで会話を補うことができるので、新たなコミュニケーションルートの開発につながるのです。

幸せという現実構成

「黒字ノート法」はコミュニケーションのよい循環を作り、「私は幸せである」という現実を構成する手助けとなります。人間はコミュニケーションの世界に生きていて、そのなかで現実を作り上げています。コミュニケーションの悪い循環のなかでは、人は「不幸」という現実を作り上げていきます。逆によい循環のなかでは、人は「幸せ」という現実を作っていくものです。

二重の意味での「黒字」効果

ノートに「黒字」の出来事を書くことのほかに、ノートを介して家族のつながりを回復させ、新たなつながりを作ることができます。つまり高齢者の日常にとってはこうしたやりとり自体が「黒字」の出来事となっているのです。このように考えると、ノートに「黒字」が記述されているかどうかにこだわるよりも、この新たなやりとりを途切れさせないことのほうが重要だと思われます。

スローな対話を続けること

高齢者は若者のように会話に素早く反応することは得意ではありません。しかし反対に、物事をじっくりと味わう能力には秀でています。質問にすぐには反応することができず、考えをうまく言葉にすることができない場合、その思いを文章に託すというのも一つのよい例です。忙しい現代社会、スローな生き方が見直されてきています。甘くて切ない青春時代を思い出し、老夫婦で交換日記をしてみるのもいいですし、平安朝の雅《みやび》な雰囲気に浸りながら和歌を詠みあうのもよいかもしれません。ポイントは、対話の速度を緩めながら、対話を途切れさせずに保ち続けることなのです。

黒字ノートの介護場面の適用例

新たなコミュニケーション・スタイルを築いていくために、「黒字ノート」を高齢者の生活や介護場面に、どのように活用していけばよいか、いくつか例を挙げてみます。

［その１］ 老夫婦の日常会話が極端に減ってしまった場合、家族に新たなつながりを作るために老夫婦で交換日記をしてみましょう！　家族がメッセンジャーになってみるのもいいですね。

［その２］ ホームヘルパーと家族との交換ノートとして。要介護者についての今日あったよい出来事を書き記すことにより、要介護者を取り巻く環境をよりよくすることができるでしょう。それによりそれぞれが意外な発見をすることもあるでしょう。

［その３］ 家族同士で交換ノートをしてみましょう！　たとえば、老親のよいところを息子夫婦が交換ノートで書いてみるなど。老親の目にふれるところにさりげなく置いておくのもいいかもしれません。

上記に限らず、それぞれの置かれた状況に合うように、活用の仕方をアレンジしてみてください。

交換日記をする老夫婦のおはなし

次に、黒字ノート法が実際の介護場面で活用された例をご紹介したいと思います。これからお話しするのは、終末期を迎えたある老人T氏とその家族に起こった嘘のような本当の話です。登場人物は老人T氏、T氏の妻、そして主たる介護者であるT氏の娘と、娘のコンサルテーションを担当した筆者です。主人公のT氏は九十歳のおじいちゃんです。T氏には八十歳になる妻がいます。彼女は認知症による記憶力の低下と、パーキンソン症状による歩行困難がありました。老夫婦二人だけの生活に支障が出てきたので、最近T氏の娘が介護のために老親宅と彼女の自宅との往復生活を始めました。

自宅で平穏な毎日を過ごしていたT氏は、ある日主治医から胃ガンであることを告知されました。この出来事によって老夫婦の生活が一変します。急きょT氏は総合病院に入院することが決まり、妻とは離ればなれの生活になってしまったのです。精密検査の結果、もはや抗ガン剤の投与による治療では間に合わず、ホスピス病棟で緩和治療を受けることになりました。入院当初T氏は、胃ガン告知の記念としてあごひげを伸ばし、それを「告知ヒゲ」と称してお見舞い客に誇らしげに自慢していたそうです。入院当初はこんなユーモアを振りまく余裕もありましたが、ガンによる痛みが強まるとともに、T氏は死がそこまで迫っていることを意識し始めました。そしてT氏は死を受け入れるための静かな時間を過ごすようになっていったのです。

その頃T氏の娘は、T氏の看病と老母の介護のために仕事を辞めて、老親宅と病院との往復生活を始めていました。老母は歩行困難があるため、頻繁な見舞いは難しい状況にありました。T氏と離れて暮らし始め、T氏の様子がまったく見えないために不安が募ってきた頃、老母は夜中に冷蔵庫を勝手に開けて過食行動を始めたといいます。夜中に電気もつけずに冷蔵庫の前でプリンを四個もむさぼっていた老母の姿に、娘は胸を痛め涙したといいます。娘は再三にわたって老母の過食行動を注意してきましたが、なかなかその行動はおさまりませんでした。

T氏の娘から相談を受けた筆者は、ある提案を試みました。「ノートを一冊購入し、ご両親の間でしばらく交換日記をやってみるのはいかがでしょう。あなたはそのメッセンジャーとなってください」と。娘は当初、筆者のこの提案に驚きましたが、死を目前にした老夫婦のロマンチックなやりとりを想像し、希望をふくらませ、快くその役を引き受けてくれました。

T氏夫妻の交換日記で目指したものは、離れていてもなお夫婦のコミュニケーションを活性化させることでした。老夫婦は物理的に離れており、T氏は外出や外泊が許されず、妻も歩行困難のために頻繁な見舞いが難しい状況にありました。そのため、夫婦間のコミュニケーションはこれまでよりも極端に少なくなっていました。コミュニケーションの減少は、妻に不安や寂しさという感情を喚起させたと言えるでしょう。老母の過食行動の背景には、こうした感情による影響があったものと推測されます。

娘は、さっそくノートを一冊購入し、T氏のお見舞いに行くまえに老母にそのノートにT氏宛てのメッセージを数行書くように依頼し、それをT氏に届け、今度はT氏から老母へのメッセージをもらって老母に届けるという試みを始めました。娘はこのメッセンジャー役をしばらく続けました。

このような交換ノートを続けているうちに、夫婦の間にさまざまな好ましい変化が起こったのです。今まで問題とされていた妻の過食行動は嘘のようにおさまり、T氏は妻からの応援メッセージによって明るさを取り戻しました。また夫婦ともども相手からのメッセージを心待ちにし、やりとりが増えていくのを楽しんでいたそうです。ほかにもこの交換日記にはこんな副産物ができました。老母はパーキンソン症状のため手が震えてしまうという困難がありましたが、文章を書くことはそのリハビリになったといいます。また老母は認知症の症状が進行していたために、以前に書かれた文章も初めて見るような新鮮な感動を持って読むことができたといいます。老母がこの交換ノートを目にするたびに伝わってくるのは、「離れているけれど夫とこうしてつながっているのだ」というメッセージにほかなりません。

しばらくこのようなやりとりが続けられましたが、T氏の病状が悪化してきたため、文章量も次第に少なくなり、しまいにはT氏は文章を書く気力すら失ってしまいました。壁が立ちはだかったのです。しかしながら娘は「今までどおり」のスタイルにこだわらず、T氏の肖像をポラロイド写真におさめ、それをノートに張りつけるという形にアレンジして、可能なかぎりこの交換日記を続けたといいます。

「お見舞いノート」がコミュニケーションを広げる

人望の厚かったT氏は、お見舞い客の数も少なくありませんでした。入院当初、比較的元気に話をすることができた頃は、T氏みずから彼らとのおしゃべりの時間を楽しむことができました。しかし病状が悪化するにつれて次第にそれも難しくなりました。見舞い客が訪れても、T氏は寝たきりで黙ったままになってしまったのです。娘が看病している時間帯の面会であれば、見舞いのお客に対して闘病生活の様子を話すことができましたが、娘は自分がいない間のお見舞い客の対応にもどかしさを感じ始めていました。せっかく見舞いに来てくれたというのに、T氏は寝たきりで一言も発することができなかったからです。T氏の病状は時々刻々と変化しているのです。それにもかかわらず、娘はどこかに「今までどおり」のコミュニケーションへの期待があったのではないでしょうか。

しかし交換ノートのやりとりでコツをつかんでいた彼女は、コミュニケーションのズレをその都度修正することができるようになっていました。娘はこれまでT氏の闘病生活の様子を書き記してきた私的な日記の表紙に、油性ペンで「お見舞いノート」という題字を書いて、それをそっと病室に残してきたそうです。これによって、娘の見舞い客への対応のもどかしさは一気に解消されました。見舞い客は、一言も発しないT氏を前にしても、このノートを読むたびに、T氏の様子をうかがい知ることができたからです。また見舞いの客は、そのノートにメッセージを書き残してくれていたので、娘も自分が病床を離れている間の面会の有無を、このノートによってうかがい知ることができたからです。さらにこの「お見舞いノート」には、日々看病にいそしんでいる娘への応援メッセージが残されている場合が多かったので、娘はこれにより大いに励まされたといいます。

この頃も、T氏はほとんど一言も言葉を発しないという日が続いていました。ところがある見舞い客が面会に訪れたとき、奇跡が起こりました。T氏は、二言三言の言葉を発したというのです。見舞い客はそれを「記録」として「お見舞いノート」に残してくれていたのです。問題には必ず「例外」があるものです。言葉数が極端に少なくなったとはいえ、必ずなんらかの反応はあるものです。この「お見舞いノート」は、T氏の「例外」を見つけ出し、それを拡大することを助けてくれたといえるでしょう。

この頃起こっていた問題は、お見舞い客とT氏との間のコミュニケーションの断絶と、娘とお見舞い客の間のコミュニケーションの断絶でした。これはリアルタイムでのコミュニケーションを期待していたために、時差という壁によって生じた断絶でした。しかしこの「お見舞いノート」による工夫は、コミュニケーションの断絶をいとも簡単に克服したのです。リアルタイムのコミュニケーションを、「記録」という媒介手段の変更によって、時差による壁を克服することができたのです。「お見舞いノート」の工夫は、対話の速度を緩めながらコミュニケーションのつながりを保ち続けることを可能としたといえるでしょう。

4

【コラム】──介護をめぐる事件──私ならこう解く

振り込め詐欺（オレオレ詐欺）

最近、子どもや孫のふりをして交通事故示談金などの多額の振り込みを要求する詐欺が多発しています。このような事件は俗に「オレオレ詐欺」と呼ばれていますが、平成十六年十二月から「振り込め詐欺」と名称が改められました。最近は手口が巧妙化、悪質化し、高齢者以外にも被害は拡大しています。ここでは振り込め詐欺被害のメカニズムとその撃退法、予防法を紹介します。

これらの事件は、電話という「言葉」のやりとりのなかで起こり、「オレ」という一人称で始まる点が特徴的です。じつはここがポイント。敬語使用に関する最近の実験では、敬語使用会話よりも日常語使用会話で「オレ」の出現頻度が高いことが示されています[1]。これは当たり前の結果のようですが、「導入」で述べられたコミュニケーションによる行動の相互拘束の観点からは重要な知見です。というのは上司部下のような「関係」が「言葉」を規定するのではなく、「言葉」のほうが「関係」を規定すると考えるからです。すなわちこれは、「オレ」という一人称が出現した途端、通話者同士の「関係」が決まり、会話は日常モードへと瞬時に切り変わることを意味するからです。このようにして電話越しの通話者は「身内であるに違いない」と思い込まされてしまうというわけです。

対策の一つは、相手の作戦をさらに上回ること。名づけて、「大阪のおばちゃん」作戦です。相手が日常モードでくるのですから、その日常モードをさらに推し進めてやればよいのです。たとえば、相手がふっかけてきたら「ほんまに困ったせがれやなー。せやけど五百万は高いわー、うちに金ないの知っとるやろー、ほな、五百円なら出せるさかい、これでどや?」と値切ってみるのです。相手はたいてい銀行閉店までの振り込みを要求するので、引き伸ばす者をたいがい敬遠します。たとえ電話の相手が「ほんまもん」の身内であったとしても、こうしたコミュニケーションは「子離れ／孫離れ」にとっても有効です。

それから予防のためには、日頃から家族でコミュニケーションをとることも重要です。振り込め詐欺の被害は、コミュニケーションが少ない家族に多いようです。うちには話す話題などないと頭を抱えた方、ご安心あれ！　そんなときは「振り込め詐欺」について話してみるのはいかがでしょう。

たとえば、振り込め詐欺撃退のための予行演習を家族でやってみるのもおすすめです。

[1] 横谷謙次「場違いな敬語の機能についての臨床心理学的基礎研究――敬語の変化が会話や対人関係に及ぼす影響」東北大学教育学部平成十七年度卒業論文、二〇〇五年

新たなコミュニケーション・ルートの開発を

老年期の要介護者は、衰えという名のすさまじい変化の只中を生きています。しかし介護者が「今までどおり」のコミュニケーションを期待したり、それにこだわりすぎたりすると、そこには必ずズレが生じます。それを克服するためには、介護者が老人の日々の「変化」を適切に捉え、それに合ったコミュニケーション・スタイルを模索していくことが重要なのです。ここに紹介した「黒字ノート法」を応用した「交換日記」や「お見舞いノート」の工夫はほんの一例にすぎません。介護場面ではこの事例とまったく同じ状況を探すことは難しいといえるでしょう。しかし、要介護者の残された能力を最大限に利用しつつ、新しいコミュニケーション・ルートを開発することができたなら、あなたの置かれた困難な状況を乗り越えることは可能です。たとえばビデオカメラの使用などは、あなたの現在抱えている問題を解決するのを手助けしてくれるかもしれません。たとえ要介護者からの反応がゼロになってしまったとしても、それは反応がないというだけで、メッセージを受け取ったけれどもただ単に反応を返すことができないだけかもしれません。そう考えると、嗅覚や味覚もコミュニケーションの助けになり

ます。病室に花を飾ることや、大好きな食べ物を食べさせること、そして、ぎゅっと手を握ることだってコミュニケーションになりうるのです。

［**参考文献**］

1——小野直弘『こころの相談——カウンセリングを超える新技法』日総研出版、一九九五年

第2章 高齢者を抱える家族システム

第1節 高齢を肯定的に捉える

老人力を楽しむ

これまで、老いについての考え方は、非常に極端な二つの考え方の間を行き来してきました。老年精神療法という分野では、老いの衰退面の強調と、その反動としての円熟面や智恵の賛美との間を揺れ動いてきました。そして、一般的にもこの「衰退、喪失の老年期」対「健康で充実した老年期」という構造のなかで老いが考えられてきたのです。しかし、これでは極端すぎるわけです。どちらか一方ではなく、老年期はこれらを同時に併せ持つ時期であるはずなのです。

私たちはこれまで老いに対する畏怖から、高齢者にきちんと向きあうことを避けてきました。高齢者がいやおうなく直面する配偶者の死や、友の死そして自分の死への予感、また高齢者の性行動などについて、なんとなく話題を避けてきました。そして避けることで、ますます老いるということが得体のしれない畏怖の対象になってしまうという、悪循環が生じてきました。また、高齢者自身の老い嫌いもこの悪循環に拍車をかけてきました。高齢者自身が老いの衰退面、喪失面に目を向けすぎることによって、老いをネガティブに捉える傾向があります。若くみられることをことさらに好んだり、若者と体力で張り合おうとしたり、高齢者扱いをバカにされたと感じるなど、高齢者が自らの老いを否定する傾向がみられるわけです。いずれ老いてゆく者の老いへの畏れと、高齢者自身の老いの否定によって形成されてきた悪循環が高齢者理解を阻んできたのです。

小此木啓吾氏は次のように述べています。「高齢者を高齢者という特殊な人種の枠組み、類型にはめ込むことで、その生き生きとした内面へのアプローチを回避していたし、高齢者の側は、そのような扱いによる多くの人間的なものの喪失を恐れて老年否認を強化していた。この相互均衡によって高齢者保護が成立していた。これからは逆の道が啓かれなければならない」[1]。

小此木氏のいう「逆の道」を高齢者の立場から非常にユニークに実現したのが、赤瀬川原平氏によって広められた「老人力」といえるでしょう。「老人力」とは、年を取ると物忘れしたり、よろよろしたり、考え方がアバウトになったりしてきますが、それを単にマイナス面としてだけみるのではなくて、「老人力がついた」と前向きに受け入れてみようという試みです。「老人力」がユニークなのは、老いによって生じた変化を高齢者自らがポジティブに意味づけし、楽しんでいるからです。

また、赤瀬川氏は「老人力はたしかに世の中には役に立たない。会社には役に立たない。でも人生には役立つのだ。会社と人生は違うのである」[2]と述べています。老いの衰退面、喪失面が強調されるとき、世の中への貢献の喪失や定年に伴う会社での役割の喪失は、高齢者にとっての大きな喪失として常にとりあげられます。しかしこの「老人力」の視点は、はじめから高齢者の人生を、世の中や会社と切り離し、人生そのものを楽しもうという含意があるのです。

このように、老いのマイナス面を「老人力」と呼ぶことによってポジティブに意味づけし直したり、役割の喪失を人生そのものを楽しむ機会として意味づけし直すことを「リフレイミング」といいます。それまでの意味づけを、よりよい意味、より楽しい意味、より役立つ意味に意味づけし直す（再び意味づけする）ことにより、新たな展開が繰り広げられていくのです。

「老人力」を介護に活かす

「老人力」とは、高齢者が自らの老いを「リフレイム」し、ポジティブに老いを楽しんでいくものですが、介護者がともに要介護者の「老人力」を見つけてゆけるとしたら、これは大変すばらしい「解決志向ケア」の実践です。すでに起こっている「解決」（例外）を見つけることに加えて、問題と捉えられていたことも意味づけし直されることによって、そのまま「例外」になっていくわけです。そして何より、高齢者にとっても自分の衰えを違った見方で捉えられるので、楽しい気分になることができます。

それでは、「リフレイミング」が活かされた事例を紹介しましょう。

【事例 1】 終戦――美奈子さんと正江さんの嫁姑戦争

四十五歳の美奈子さんは十五年前正行さんと結婚し、姑の正江さんとの同居が始まりました。気が強いけれど親切な美奈子さんに惚れ込んだ正行さんは穏やかな性格で、美奈子さんの話をよく聞く聞き上手ですが、嫁姑問題の話になると少し頼りない夫です。七十二歳の正江さんは、一年前まではとても元気で話し方にも勢いがあり、いつも実年齢より若くみられてきました。

美奈子さんと正江さんはそれぞれとても魅力的な人なのですが、二人揃うとなぜかうまくいきませんでした。正江さんは美奈子さんに対して、どうしてもイライラしてしまうのです。美奈子さんに落ち度があるわけではありません。それでも気に食わず、つい小言をひねりだしては言ってしまうのです。美奈子さんは結婚当初はさすがに落ち込み、自分に非があるのではないかと思いましたが、もともと気の強い性格です。次第に自己主張するようになり、些細なことですぐいがみあう関係になっていました。そんなとき、正江さんは脳梗塞で倒れてしまったのです。幸い一命は取り留めましたが、全身に麻痺が残りました。介護が必要になったのです。

正江さんは、美奈子さんに介護をしてもらうことになりました。心中は複雑でした。自由が利かない悲しさと苛立ち、介護をお願いする悔しさと申し訳なさなど、さまざまな感情が入り混じり、つらい思いをしたそうです。一方、美奈子さんの心中もなんとも複雑でした。全身に麻痺があるのだから介護するのは当然のことだと思う。姑を心から気の毒にも思う。でも、それでもなんだか釈然としない。そんな思いにかられながら、介護生活が始まったのでした。

介護生活は淡々と始まり、お互いわだかまりはあるものの一見順調に日々が流れてゆきました。しかし美奈子さんは数ヵ月経過するにつれ、次第に言い知れぬ不満がたまっていったのです。正江さんに対する怒りと絶望、気持ちよく介護ができない自分自身への失望や罪悪感など介護ストレスにだんだん押しつぶされそうになっていったのでした。

このケースでは夫の正行さんが大活躍した。美奈子さんへの感謝をいつも感じていた正行さんは、ストレスに苦しむ美奈子さんを見てなんとかしなくてはと思い、母正江さんが正行さんだけにはポロリとこぼす、美奈子さんへの不器用な気持ちを上手に美奈子さんに伝えることにしたのでした。

正江さんも申し訳なさや感謝の気持ちを持っているのです。しかし、美奈子さんの前では、面白くない顔をどうしてもしてしまうのです。正行さんに話すときも、「今日の煮付けはめずらしくおいしかった」だの「最近ようやく少しは根気が出てきたようだね」だのと言ってしまうわけです。正行さんは苦笑しながらも、「そうか、煮付けがおいしくてよかったね」と声をかけたり、「美奈子は前よりもっとたくましくなったんだな」と返したりして、それを上手に美奈子さんにも伝えたのでした。

最初は介護の不満を話し続けた美奈子さんでしたが、次第に落ち着いてきました。そして、「お義母さんには、ずいぶん理不尽なことも言われたけれど、料理だけはやさしく教えてもらったなあ」などと話すようにもなってきたのです。今の二人の関係は、「特別に仲良し！」とまではまだまだゆきませんが、それでも言い知れぬわだかまりはなくなりましたし、だいぶん自然になっているそうです。

正行さんはとても「リフレイミング」が上手でした。正江さんの思いを上手に意味づけしなおし、それを正江さんにきちんと返してうなずいてもらい、それから美奈子さんに話していたのです。決して安易なプラス思考ではありません。正江さんと美奈子さんの両方に受け入れられるような意味づけを正行さんがきちんと間に入って取り持っていたのです。介護の現場ではそれまでの関係性や意地や羞恥心によって、感謝の気持ちが素直に伝えられないことがあります。正江さんは美奈子さんには直接お礼を言えませんでしたが、正行さんには感謝の気持ちを不器用ではありますが話していました。これを正行さんは上手に活用したのです。

【事例2】——芙美子さんは孫に甘い！

七十歳の芙美子さんはここ一年で認知症が進みました。もともと心配性でしたが、認知症が進むにつれて、周りの人がどっと疲れてしまうほどの心配性になってしまいました。あれをなくした、どうしよう。これをなくした、どうしよう……。常に何かをなくしたと心配しては、同居の家族が巻き込まれるのでした。

芙美子さんは息子夫婦と孫の剛君と一緒に暮らしています。認知症がみられ始めた一年前から同居が始まりました。なくしたものは家族が探せばたいていすぐに見つかります。なくしたのではなく、どこに置いたかを忘れてしまっているだけなので、探すまでもなく見つかることも多々ありました。それでも回数が数十回、数百回と増えるにつれて、家族も我慢の限界に追い詰められていったのでした。

孫の剛君は小学三年生。息子夫婦の三男坊です。長男次男は二人とも大学生で家を離れています。剛君だけ年齢も離れていましたので、みんなからとてもかわいがられて育ちました。芙美子さんも剛君にはついつい甘くなってしまいます。テストの点が悪くても、「でも剛は手先が器用だからねえ」とかばってやります。夏休みの宿題がたまりにたまって残り三日に迫ったときも、「天気のいい日は元気に遊ぶのが一番だものね」とかばってやりました。

ある日、剛君が「水着がない！　ゴーグルがない！　どうしよう。どうしよう」と騒ぎ始めました。お父さんとお母さんはもうウンザリです。先ほど芙美子さんがなくした小銭入れを見つけてあげたばかりなのです。お姑さんには強く言えないお母さんも、相手は剛君です。「どうしてすぐなくすの！　もうプールに行ったらいけません！」と、つい声を荒らげたのでした。このとき芙美子さんが思わずいつものように剛君をかばったのですが、なんと「しまった場所を忘れただけだよね。必ずあるからゆっくり探してごらん」と言ったのです。この言葉にはお父さんとお母さんも拍子抜けしてしまいました。

このやりとりが思わぬ展開を見せ始めました。次の日、いつものように芙美子さんが、「メガネがない！　手鏡がない！」と困っていると、剛君がお父さんやお母さんよりも先に芙美子さんの部屋にやってきて「きっとしまった場所を忘れただけだから、ゆっくり探してみたら？」と言ったのです。すると芙美子さんが、「そうね、そうかもね、ゆっくり探してみるね」と答えたのでした。お父さんとお母さんはこのやりとりにまたびっくりさせられたのです。

このときは、すぐに剛君がメガネと手鏡を見つけたのですが、それからというもの、何かなくなったときも「しまった場所を忘れただけ」という言葉が家族みんなの合言葉になり、芙美子さんが「あれがない、これがない」と家族を巻き込んでしまうことが大いに減ったのでした。

芙美子さんは剛君をいつも「リフレイミング」してかばっていました。「手先が器用」「天気の日は遊ぶのが一番」とどんな場面でもやさしいおばあさんなのでした。それがある日偶然、芙美子さん自身のなくしものについての「リフレイム」として活用されたのです。剛君はとても機転のきく孫でした。自分がかばってもらった「しまった場所を忘れたため」というリフレイムを、芙美子さんにお返ししたのです。

残された能力を発見し豊かな介護を

私たちは、しばしば好ましくない思考のくせを持っています。それは、一つが駄目だと全部が台無しだと考えてしまうものです。たとえば、ある高齢者が歩けなくなってしまったら、その人は何もできない高齢者だと考えてしまうことはないでしょうか。このような、好ましくない思考のくせが定着してくると、高齢者の本来の能力を見極めるのが邪魔されてしまうことがあるのです。

そして、問題に焦点を当てることによって社会的老化を促進してしまうのです。社会的老化とは、老化の性質を表わす言葉です。簡単にいうと、「社会に合わせて老いてゆく」ということを指しています。たとえば、ある時期から急におばあちゃんと呼ばれたり、子どもに話すように話しかけられたり、何をしても「かわいい―！」と言われたりすることも、社会的老化を促進します。あるとき突然、高齢者扱いされるのです。たいていの高齢者は自分がまだまだ若いと感じるときから、社会によって老化を促進させられるのです。

このようなとき、「解決志向ケア」のスタンスは有効です。社会的老化を促進しませんし、反対に老化をいたずらに阻止しようともしません。そのときそのときの老化に合わせて、その状況のなかでうまくできている状態を見つけ、活用していくスタンスなのです。「例外」として表われる「残っている能力」「人生のなかで育んでこられた能力」をうまく活用していこうとするのです。

高齢者の介護を引き受けると覚悟し、実際に介護をしていく際、高齢者の肯定的機能にいつもでなくとも、目を向けることを忘れずにいたいものです。否定的な衰退面ばかりに目を向けていると、介護がしんどくなります。肯定的機能に目を向けることは、高齢者を力づけることにもなりますし、介護者自身のプラスにもなるのではないでしょうか。

〔**参考文献**〕

1――小此木啓吾、大野裕、深津千賀子編『心の臨床家のための精神医学ハンドブック』創元社、一九九五年
2――赤瀬川原平『老人力』筑摩書房、一九九八年

第2節 老年期の性

性は生なり、性教育は生涯を通して必要です。老年期の性教育には、従来の発散方法以外の発散方法を見つけていくことが含まれます――波多野完二[1]

ある老女の想ひ

『伊勢物語』[2]の第六十三段に「九十九髪」という話があります。主役とされる在原業平が、素敵な男性に出逢いたい！　という老女の願いを叶え、一夜ならず二夜までも共にするというお話です。この話を少し詳しく紹介することからこの節を始めたいと思います。

昔、ある老女が、何とかして素敵な男性に出逢いたいなあと思ったが、年も年なのでなかなか言い出しにくく、「夢で見た話なのだけど……」と嘘ぶいて、三人の息子に話してみた。

長男と次男は相手にせず、話にならなかった。三男だけは「素敵な男性が現われるでしょう」と夢占いをしてあげた。三男の言葉を聞いて、老女はとてももうれしくなった。

三男は、「年老いた母を相手にしてくれるような、思いやりのある人はなかなかいない。何とかしてうわさの在五中将に逢わせたいものだ」と考えた。そこで、男（在五中将）が狩りをしているところを狙い、男の馬の口を捕まえて、「かくかくしかじか……」と話したところ、男は気の毒に思ってやってきて、老女と一夜を共にしたのだった。

さて、一夜かぎりのことと思っていた男はそれから姿を見せなくなったので、老女が男の家に行ってのぞき見ていると、その姿をチラッと見た男は、

ももとせにひととせ足らぬつくも髪　我を恋ふらし面影に見ゆ
（百年に一年足りない年寄りの女の髪が　私を慕っているのか　幻となって見えているよ）

と言って出かける様子を見せた。

そこで老女は茨やからたちの棘に引っかかりながらも急いで家に帰り、パッと横になって待っていた。

今度は男が、さきほど老女のしたように家の陰にこっそり立って見ていると、老女は「泣く泣く寝てしまおう」と言いながら、

さむしろに衣かたしきこよひもやこひしき人にあはでのみねむ
（狭いむしろに自分の衣一枚だけ敷いて　今晩も恋しいあの人に　逢えずに寝るのだろうか）

と詠んでみせた。それを聞いて、男はかわいそうに思って、その夜もまた、一夜を共にしたのだった。

世の常として、人は思う人を思い、思えない人は思わないものなのに、この男は自分の思うも思わないも区別しない思いやりがあったのだった。

さてこのお話、「思うも思わないも区別しない」なんていう問題じゃないよ！　と顔をしかめる人が多く、あまり評判がよくありません。高齢者の恋愛というだけで、なんとなく受け入れがたい気持ちになる人が多いのです。ですから、このお話で冷たい息子として描かれている長男と次男の反応が、かえって一般的なのかもしれません。しかし三男だけは年老いた母の性的欲求をごく自然に受け入れ、誰もが憧れるプレイボーイの在原業平に逢わせてあげたいと考えました。この三男の思いや行動を理解するのは少し難しいかもしれません。しかし老年期の性的欲求をごく自然に受け入れる三男の姿勢を見習うことが、じつは高齢者の性を理解する第一歩なのです。

老いてみな盛ん?!

老年期の性的欲求を自然に受け入れるためには、老年期の性的欲求についてよく知っておくことが大切です。そこで「老年期前の性」と「老年期の性」を簡単に比較しておきましょう。

老年期前の性は、性的欲求と精力に隔たりがあまりありません。性的欲求は精力に任せて発散されます。これに対して老年期の性は、性的欲求はそのまま保たれますが、加齢に伴う身体的な衰えとともに、精力が確実に弱ってきます。そのため、性的欲求はそれまでの発散方法とは別の方法で発散されなければならなくなるのです。これが簡単なようでなかなか難しいわけです。

わが国の生涯教育論推進のリーダーであった著名な心理学者、波多野完二氏は、ご自身も長寿をまっとうされ、晩年には『性こそ吾なり』〔1〕をはじめ老年期に関するタブーに心理学者として挑み、著書を遺されました。そこでは生涯をとおして性教育が必要だと主張しています。老年期の性教育では、従来の発散方法以外の発散方法を見つけていくことも含まれているわけです。

老年期前の性も老年期の性も、性的欲求はいつも盛んなのです。

老年期の性は豊かに彩られる

老年期も性的欲求は維持されるわけですが、多くの場合は生理的なものから心理的なものへと比重が変わってきます。すなわち、精力に頼らないで済む、性交以外の活動で満足する方向へと変化していくことが多いのです。異性との楽しい会話、肌がふれあう安らぎ、それらさまざまな活動で性的欲求が満たされるようになっていきます。また前述の波多野氏は、詩や絵画などへの感受性が精力任せでないぶん、高まるとも述べています。詩や絵画などに秘められたセクシャルな側面を敏感に感じ取ることができるため、芸術を愛でる喜びも増すのでしょう。

老年期「前」の性は、もっぱら精力任せです。老年期のような豊かなバリエーションはありません。どちらの性がよい悪いの問題ではないですが、高齢者は性においても「老人力」を持っているのだなと思うわけです。

老年期の性に関する調査研究

さて、ここで老年期の性について調査研究を基にまとめておきたいと思います。セクシュアリティ研究会が二〇〇〇年に実施した中高年のセクシュアリティ調査を参考にしました[3]。この調査は、比較的健康な高齢者を対象としているので、介護が必要な高齢者の性を考える際にはこの点を考慮することが必要です。しかし、老年期の性について一般的な傾向を知るために非常に参考になりますので、いくつか見ていくことにしましょう。老年期の性の実態は思いのほかアクティブなものだと驚かれる方もいらっしゃるかもしれません。実態を知り、老年期の性をこれまで不自然だと感じてきたことに違和感をおぼえる方もいるでしょう。それほど老年期の性は今日までタブー視されてきたということです。

まず、性的欲求を「異性とのなんらかのかかわり」と定義すると、大半の高齢者が性的欲求を持っていることになります。

しかし、性交を望むかどうかについては、性差が顕著にあらわれます。加齢とともに男女とも少なくなってはゆくのですが、それでも常に男性のほうが女性よりも性交を求める傾向にあるようです。

一方、実際の性交頻度には個人差がみられます。男性のニーズが優先され、女性は望まない性交に応じることが多いようです。そのため性交頻度はカップルによって差がみられます。六十代までは年数回を含めると半数以上は配偶者との性交渉を持っています。しかし、七十代になると半数以下に減少します。なかには週一回の性交渉を七十歳すぎても保っている人もいます。このように個人差がとても大きいのです。

次に、これは日本人的ともいえるかも知れませんが、愛情表現が乏しいことが挙げられます。阿吽《あうん》の呼吸を期待し、ふれあうことや気持ちを言葉で伝えることがあまりないのです。性的欲求はさまざまな発散のされ方があるはずだと前に書きました。性交をしなくても愛撫やキス、抱擁、手をつなぐなどの行動で性的欲求は満たされることが多くなるのですが、恥ずかしさやそれまでの夫婦関係などが邪魔をし、そのような行動をなかなかしづらいようなのです。

また、性についての伝統的・保守的な意識も根強いようです。「男性がリードするもの」「応じるのが妻の心得」「性については口にしてはいけない」などの考え方が依然として土台になっているようです。

老年期は、定年を迎えたり子育てから解放されたり、改めて夫婦二人の生活が始まる時期ともいえます。言葉がけやスキンシップなどでお互いに愛情を示しあうことが、そのまま性を豊かにしていくコツになるのかもしれません。このことは夫婦に限らず、老年カップルにも当てはまるでしょう。それでは、老年期の性と介護について、介護の現場からみていくことにしましょう。

5 【コラム】――介護をめぐる事件――私ならこう解く

叱ることは虐待か

在宅介護の実際は介護士と家族、医師との共同行為、流行の言葉でいうと「コラボレーション」だと実感します。筆者の場合、お世話になったヘルパーさんのほぼ全員が、ご自身の家族の介護をしている現役であること、特に強力な相談相手になってくれている頼もしいケアマネージャー自身もそうであると知ったとき、立場を超えて同時代に同じ問題で苦しみ、解決を模索する「同士」としての連帯感のようなものを強く感じました。チーム介護の基本は、高齢者の受容です。しかし、危険な行動や異食をその場で叱責することが有効なことも多くあります。そんなとき、その役割は血縁濃く、元来、仲のよい者が担うのがコツと知りました。

老年期の性の問題に介護者が戸惑うとき

老人介護の現場では、高齢者の性的欲求が問題になることがあります。介護者の身体に執拗にふれてくる、性的な言動を続けるなどの性的問題行動です。このような場合、在原業平のとった行動はあまり現実的ではありません。介護の過程で私たちは、もっと別の方法をとらなくてはならないのです。その際、「老年期の性はバリエーション豊かでありうる！」という視点が役立ちます。性的欲求を性的問題行動以外の活動で発散できるように援助するのです。性的欲求を否定し、抑えつけようとしても、それはうまくいきません。その高齢者の性的欲求が特別に過剰なのではなく、ただ性的欲求の発散方法が社会適応上、不適切なだけなのだと考えるわけです。前述した異性との楽しい会話や肌のふれあい、また周囲の理解があれば、成人雑誌なども有効な発散方法となるでしょう。

以下に述べるケースは、性的問題行動をほかの社会適応的な行動に移行させることができた事例です。老年期の性的欲求をごく自然に扱っているところが特徴的です。

【事例１】――介護施設で女性利用者に猥褻行為を繰り返す男性利用者

この事例の登場人物は、源五郎さん七十五歳（仮名）と、施設を利用している女性高齢者の方々、そして介護施設のスタッフのみなさんです。

源五郎さんは足腰がだいぶん弱ってきましたが、施設内の移動には困りません。お気に入りの女性の部屋へ通っては煙たがられ、苦情が出るとほかの女性を好きになり、今度はその女性の部屋へと通っていく、ということを繰り返してきました。どうして煙たがられるのかというと、源五郎さんは妙にスキンシップが多いのです。スタッフがいくら注意しても、スキンシップをやめることができません。女性が拒否してもそのときはやめるのですが、またすぐにふれようとするのです。

源五郎さんはじつはとてもやさしく明るい男性です。ですから過剰なスキンシップさえなくなれば、とても楽しい友達になれるのに、と苦情とも好感ともつかない意見を述べる女性もいるくらいです。スタッフもどうにかしてスキンシップをしないで済むようにできないだろうか、と知恵を絞りました。

このような場合、つまり何かの行動をやめさせようとする場合、その行動をとりあげるだけではなく、その行動に代わるものを用意しておくことがとても大切です。ここでは「びっくり！　クエスチョン」[4]を用いました。「びっくり！　クエスチョン」は、悪循環をユニークに断ち切る方法の一つです。源五郎さんをびっくりさせるには、しかも、少しハッピーにびっくりさせるにはどうすればいいかを考えてみるわけです。びっくりさせるためには、いつもと違うことをしてみなければなりません。そしてそれはそのまま悪循環を断ち切り、「例外」を生み出すことにつながるのです。さて、知恵を絞った結果、スタッフは施設を利用している女性たちの何人かにも協力を求め、女性スタッフや女性利用者のほうから、ごく自然な軽いスキンシップを源五郎さんにしていこうと決めました。挨拶とともに軽く肩を叩いたり、話しているときにふと腕にふれたり、とても簡単なスキンシップです。しかしこの方法は十分に源五郎さんをびっくりさせることになりました。効果テキメンだったのです。みんながふれることによって、源五郎さんからふれていくということが次第に減っていったのです。「スキンシップをしてしまう」という行動は、みんなからふれられることに置き換えられ、満たされたようでした。今では煙たがられることなく、女性の友達との会話を楽しんでいるそうです。

老年期の性がユニークな形で活用されるとき

気になる異性と話したい、親密になりたい、という思いは誰しも抱くものです。そしてこういった思いは、さまざまな行動の原動力になります。好きな人ができると、仕事に張りが出たり、ダイエットを頑張れたりと、自分自身にとってよい変化が起きると感じる人も多いのではないでしょうか。

このことは高齢者にも当てはまります。次のケースの逸子さん七十五歳（仮名）はデイケアが面倒くさくて仕方ありません。でも、若くて元気な男性介護士の正和さん二十六歳（仮名）の誘いだけは断れず、いつもデイケアに行くのでした。

【事例2】――若い男性スタッフの誘いは断れない、デイケア嫌いの女性

逸子さんはデイケアが嫌いです。半年ほど前までは、ほとんど行かなくなっていました。冬になると身体の痛みがひどくなりましたし、ほかの参加者と話すことはあっても、そんなに楽しくなかったのです。

一緒に暮らしている娘夫婦と高校生になる孫娘は、逸子さんがデイケアに行くことを良いことだと思っています。でも、嫌がる逸子さんを無理に連れていく気にはなれません。なんとか少しでも楽しく行ければいいのに、と頭を悩ませていたのでした。

そんなある日、逸子さんを正和さんが迎えに来ました。正和さんは、年度が改まってからデイケアのスタッフとして新たに加わった好青年です。三年前に亡くなった亭主関白の夫にいつもどこか不満があった逸子さんは、気配り上手でやさしい正和さんに舞い上がってしまいました。そしてその日、逸子さんは久しぶりにデイケアを訪れることができました。
しかしその後の逸子さんはというと、正和さんが迎えに来ない日は以前のようにデイケアに行きたくなくなってしまうのでした。正和さんが迎えに来てくれたらいいのにな、と家族はその都度残念に思っていたのです。

「例外」は大事にすることが鉄則です。正和さんが来てくれることで逸子さんがデイケアに行くことができる、というのはとても大きな「例外」です。活かさない手はありません。そこで正和さんに当分の間、迎えに来てもらうことにしました。家族はデイケアスタッフの方々の配慮にとても感謝していました。それから逸子さんは通ううちに、デイケアでも楽しく過ごすことができるようになり、正和さんが迎えに来ることができなくても、行きたいと感じられるようになってゆきました。今では正和さんの迎えがなくてもずっと通っています。

このように、行動するための「素敵な原動力」と捉えることができれば、性はユニークに活用することもできるのです。

さて、このケースではじつはちょっと困ったことがありました。それは孫娘の抵抗感なのですが、自分のおばあさんが若い男性に舞い上がっているということが受け入れられず、一時期逸子さんを避けるようになってしまったのです。ただ、幸いにも両親がそのような抵抗をまったく示さなかったので、その両親の態度にふれるうち、孫娘の抵抗感も次第に薄れていきました。

老年期の性について、家族のなかに抵抗感を抱く人がいることは残念なことではありますが、現状では少なくありません。誰かがこのような抵抗感を示したときは、それを解きほぐしてゆくよい機会と捉え、かかわっていくことも大切です。

老年期の性を「例外」から考える

二つの事例はともに「例外」を見つけて、それを上手に活かしています。**【事例1】**の源五郎さんの場合、自分からスキンシップを求めるけれども、相手から訪ねてきたらもてなすばかりでスキンシップを求めないことが「例外」でした。**【事例2】**の逸子さんの場合は、若い男性介護者が迎えに来てくれれば、嫌いなデイケアに行くことができるということが「例外」でした。このように、「例外」が見つかればそれをできるかぎり増やしてゆき、問題が起きずにすませられる状況を整えていくことができます。

「例外」を見つけることは難しい、という話をよく聞きます。確かに問題が根深かったり複雑だったりすると、四六時中大きな問題に立ち向かっているような気になってきます。たとえ「例外」が見つかっても、取るに足りないという気持ちになるかもしれません。そういうときは、「問題がいつもずうっと起こっていることなんてあり得ない！」ということを自分によく言い聞かせてみることです。そして「例外」がどんなに小さくてもそれを見逃さず、大事な解決への鍵だと信じ、活かしていきましょう。

老年期の性はこれまでタブー視されてきました。高齢者が性的欲求を持つことに対して、恥ずべきこと、なんともいやらしいこととみなすのが一般的でした。しかし、そうではないのです。性的欲求は年を重ねても保たれるものなのです。そしてその性的欲求をどのように発散させるのかという点で、老年期特有の傾向がみられるのです。このことを理解しておくことが大切です。

老年期の性の問題は、性的欲求と精力の隔たりにうまく適応できないことから生じることが多いと考えられます。それまでの発散方法ではどうにもならないとはいえ、ほかの方法もわからない。結果としてセクハラと称される行動や言動に頼るしかなくなってしまうこともあるのです。

私たちの援助はまず老年期の性的欲求を自然に受け入れることから始まります。そして豊かなバリエーションで性を彩《いろど》ることができる「老人力」を信じ、その高齢者に合ったさまざまな発散方法を共に見つけていくのです。その際、「例外」を活かしていく「解決志向ケア」のスタンスはとても役立ちます。しかし「例外」を見つけるためにも、老年期の性を自然に受け入れることができなければ、「例外」を「例外」として見ることができず、見逃してしまうことになるでしょう。

［参考文献］

1――波多野完治『性こそ吾なり』光文社、一九九五年

2――永井和子『伊勢物語』笠間書院、二〇〇八年

3――日本性科学会セクシュアリティ研究会『カラダと気持ち――ミドル・シニア版』三五館、二〇〇二年

4――若島孔文、長谷川啓三『よくわかる！　短期療法ガイドブック』金剛出版、二〇〇〇年

第3節　高齢者と死

死は、話題にすることがなかなか難しいテーマです。特にそれが高齢者との会話のなかで扱われるとしたら、遠慮や気後れや抵抗感もあいまって、どうしていいかわからなくなってしまいます。死についての話題は極力避けたりほかの話題に移したりなど、なんとなくタブー視しがちです。

このタブー視は、目の前の高齢者との別れを考えたくない、そんなの悲しいしつらい、という思いの反映です。しかしそれと同時に、高齢者と死の話題をするということへの私たち自身の不安を反映している場合もあるのではないでしょうか。死を特に意識することなく生きている私たちは、死を身近に感じ対峙している高齢者を通して、いずれ訪れる自分自身の死を意識することになります。死と対峙する準備をまだしていない人にとっては、死は未知なるものとして否応なく不安を喚起させるものです。

私たちは日頃、高齢者との会話のなかで、死の話題にふれることは少なくありません。何気ない会話のなかでさえ、死がクローズアップされることがあります。「もう長くないから」「孫の結婚式、参加できるかなあ」など、死を意識した発言にふれることはとてもよくあることなのです。そんなとき、私たちは「何を弱気なことをおっしゃってるんですか」「まだまだ元気だよ」「そんな話はよしましょ」などと、サラッと受け流してしまうことがあります。もちろん、この対応が悪い対応なわけではありません。しかし、毎回この対応をするのではなく、ときにはほかの対応ができれば、もっと高齢者と心を通わすことができると思いませんか。

実際に、死についてじっくりと高齢者と話していると、むしろその人のそれまでの「生」が浮かび上がってくるような気がするものです。「もう、死んでしまいたい」という人からは、それまでの生と現在のしんどい生との違いが語られます。また多くの高齢者が望む「ぽっくり往生」についても、「寝たきりになって、周りの人に迷惑をかけたりすることなく、個としての尊厳を死ぬまで保っていたい」と指摘されるように〔1〕、健康で幸福な生を願う「長寿願望」の裏返しだと捉えることもできます。

つまり、死を語ることは、生を語るという一面をも含み持っているわけです。死の不安を経て、死を受け入れ、死を直視し、迎え入れるのも生の営みなのでしょう。また、そのような死との対峙について語ることも生の営みです。私たちは死についての会話をとおして、高齢者の生にふれることができるのです。

しかしここで大切なのは、このように考えることが、生と死を二つに分け、死というものを生の側面からのみ捉えようとしているのではないということです。死について話をしているとき、私たちが生の側に立ち、生と死を分け隔てて聞いたとしたら、きっと高齢者は孤立感を募らせることになるでしょう。

そうではなく、死を語ることについて、怖れてタブー視してしまわずに、大切な生の営みとして捉えることを目指してみてはどうでしょうか。死への不安も死の受容も、望む死に方も死生観も、死を意識することで浮かび上がってくる生の表われです。その生をしっかりと聞いていこうというスタンスでの取り組みを提案してみたいと思います。

長い人生を生き抜いてきた先達としての足跡は、無意識のなかにきちんとしまってある

高齢者の死について考える際の解決志向ケアでの貢献は、「問題は語られやすく、〈例外〉は語られにくい。し

かしその〈例外〉は必ずある！」という視点です。たとえ語られる内容がネガティブであったとしても、まだ語られていない内容、それも、語る高齢者が少しでも元気になれるような内容がきっと無意識のなかにしまってあるのだという確信は、高齢者と死について会話する際の大きな支えになるのです。

それでは、実際に死をめぐるいくつかのテーマについて、「解決志向ケア」のスタンスで聞いていくとはどういうことか、具体的な事例を紹介しながらみていきたいと思います。

死への不安を聞く

【事例 1】――自ら人生を振り返り、死の不安が和らいだ茂さん

茂さんは、特別養護老人ホームでもう長いこと暮らしています。施設内に友人も多く、ずっと楽しく過ごしてきたのですが、ここ半年ほどの間に、死ぬということが強く意識されるようになり、だんだん怖くなってきました。きっかけは茂さん自身にもわからないということです。友人にはなんとなく話しづらさを感じましたし、誰かといると不安も和らぐので、誰にも話さないでいたそうです。しかし不安が強まる一方なので、あるとき訪ねてきた娘夫婦に話してみたのでした。すると、娘は笑顔で慰めてくれて、娘の夫も「とてもお元気そうですよ」と話してくれたのです。

誰のせいでもありません。しかし、このときから茂さんの不安は余計にひどくなりました。友人たちは茂さんの不安を知りませんし、娘夫婦もよかれと思って不安に応えてくれました。それでも茂さんは、誰にも不安をわかってもらえない孤立感を感じ、ひとりになると常に死への不安が頭から離れなくなってしまったのでした。

そんなとき、施設で働く明子さんが、ひとりで部屋にいる茂さんに気づき、声をかけました。茂さんは明子さんに死の不安についてひとしきり話したのですが、最後には「誰にもわからん」とふてくされた様子で話を結んでしまったのでした。

明子さんは、新任でまだ仕事にも慣れてはいませんが、「利用者さんに対していいかげんな応対は絶対にしたくない！」といつも心がけていましたから、茂さんがふてくされた理由がよくわからず困ってしまいました。明子さんからすれば、茂さんはいつも元気そうだし友人とも楽しそうにしているので、「大丈夫です。まだまだお若いですよ」としっかり励まし、あまり死の不安について話していると気分が後ろ向きになってしまい、余計に茂さんが落ち込むのではないかとも心配し、できるだけ明るい雰囲気になるよう努めました。ですから、茂さんがふてくされてしまったことがどうしても腑に落ちなかったのでした。

しかし皮肉にも明子さんのこうした応対は、茂さんの孤立感をいっそう増すものであったのです。「不安を感じているのに、誰もその気持ちを共に感じてみようともしてくれない。不安を感じなくても大丈夫だと慰められてもどうしようもない」と茂さんは悔しくなったのです。

明子さんはもともと仕事熱心な人です。その後ゆっくり考え、自分のよかれと思った応対が、じつは茂さんを孤立させていたことに気づきました。そして茂さんがひとりでいるときを見計らい、死の不安について話しかけてみたのです。明子さんは今度は慰めたり、明るく振る舞ったりすることを少し脇において、じっくり茂さんの言葉に耳を傾けました。そして茂さんの不安を否定せず、むしろ不安をできるかぎり理解しようと誠実な質問に努めたのでした。

すると、茂さんは不安について語るうち、それまでの人生を振り返り始めたのでした。不安の話もそこそこに、若い頃から仕事に打ち込んできたことや孫のかわいさ、そしてなんと中学校のときの初恋の話まで話してくれたそうです。それからの茂さんは不思議に落ち着いて、死の不安も少しは感じるものの、とらわれてしまうほどではなく、楽しく過ごしているようです。

聞く姿勢がすでに「例外」になっている

死への不安を聞くのはとても心苦しいものです。胸が痛み、ときには元気な自分を恨めしく思ったり、適切な言葉が返せず罪悪感に悩んだりすることもあるかもしれません。励ましたり慰めたりすることしかできない無力感に襲われ、せめて気が少しでも楽になるように笑顔で語りかけるかもしれません。じつはこの対応こそが、逆に高齢者に寂しい思いをさせてしまうことがあるのです。よかれと思ってのことが悪循環になってしまう切なさは、誰しも感じたことがあるのではないでしょうか。特に高齢者介護の現場では、このような切なさは日常茶飯事かもしれません。

しかし、もし死への不安についてそのまま耳を傾けることができたなら、その聞く姿勢自体が、すでに「例外」になりうるのです。茂さんは、「誰に話しても理解されない→だから誰にも話さない→やっぱり自分しかわからない」という悪循環に陥り、死の不安にとらわれてしまっていました。そんなとき、明子さんの「わからないかもしれないが、それでもわかりたい」という態度は、まさに悪循環を断ち切る力を持つ大きな「例外」だったのです。

この「例外」に支えられ、茂さんは死の不安にとらわれず、過去の振り返りを始めるという「例外」を自ら生み出しました。悪循環が「例外」をきっかけに良循環に変化したのです。

自殺願望を聞く

【事例2】――「死にたい」と訴える幸江さん

七十七歳の幸江さんは五年前に夫を亡くしています。足腰が弱くなり、日々の生活に必要な買い物もつらくなってきましたので、三年ほど前からヘルパーさんに来てもらっています。

週に三回訪れるヘルパーの朋美さんは、とても親身でいつも幸江さんの話をじっくり聞いてくれました。しかしこのところ幸江さんが「死んでしまいたい」「生きていたくない」と話すようになったのです。このように話されると、朋美さんはどうしていいかわからず、戸惑ってしまいます。それまでのようにじっくり聞いていいものなのか、それとも生きることの大切さを確認しあったり、楽しいことを考えるよう促したりしたほうがいいのか、わからなかったのです。「自分の安易な働きかけで、ホントに亡くなってしまったらどうしよう」と、朋美さんも不安になってしまうのでした。

そこで朋美さんは、近所のクリニックの臨床心理士に相談することにしました。死にたいと訴える人とどのように会話しているのか参考になると思ったからです。そしてその臨床心理士のアドバイスどおり、幸江さんの「死にたい」という思いをこれまでと同じようにじっくりと聞き、さらに「死にたい」と言うときに抱いている死のイメージを共有するようにしたのです。

つまり、じっくり聞いていくなかで、幸江さんはどんなふうに死にたいのか、どんな人に看取られて亡くなりたいのか、どんな言葉を残して人生の幕を閉じたいのかなど、死をめぐる幸江さんの空想をちょっとだけふくらませながら、朋美さんも共有していこうとしたのです。

その結果、それまでは死について語るときいつも暗い雰囲気の幸江さんでしたが、ほっとした、むしろ明るい様子で死のイメージを話すようになりました。この様子をみて、朋美さんも「ホントに亡くなってしまったらどうしよう」という不安が解消されたとのことです。

空想は行為を遅滞させる

さてこの事例、なんとなく「これでいいのだろうか」と感じる方もいらっしゃるのではないでしょうか。この朋美さんの対応は、感覚的に逆効果に働くような印象を受ける方も多いでしょう。もちろん、興味本位で死の空想を広げたり、土足で踏み込むような態度であれこれ質問したりするのは論外です。じっくり聞くことが土台としてしっかりあり、そのうえでその空想をちょこっとふくらませて共有していこうとするのです。

臨床心理学の分野で非常に有名なサリヴァンという人は、かつて自殺願望のある人との心理療法について「空想は行為を遅滞さす」と言ったそうです。これは、より正確な表現にすると「空想の治療関係における共有はある行為を遅滞さす」[2]ということになるでしょう。幸江さんと朋美さんは治療関係ではありません。しかし、ふたりの関係においても、空想の共有が死にたいという願望を発散させ、抑える効果がみられたわけです。

幸江さんが死にたいと言うとき、はじめはその言葉の裏にあるイメージは幸江さんの心の奥にしまってありました。幸江さんのなかでそのイメージが大きくなったり小さくなったりしていて、それにひとりで振り回され立ち向かっていたのです。そのため朋美さんも不安になるという悪循環が形成されていたのです。しかしその空想が朋美さんにも共有されたことで、ふたりで向き合えるようになりました。それは大きな「例外」だったのです。

幸江さんと朋美さんはこの「例外」を大切にしたからこそ、死にたいという思いに振り回されなくなったのでした。

遺された人の悼みを聞く

介護の過程で直面する死は、なんとも言い難いものです。それまでずっと苦労してきた介護が死というかたちで幕を閉じるとき、どんなに精一杯介護しても悔いが残ったり、かえって実感がわかずそんな自分に戸惑ったりという経験をされる方はとても多いように思います。

【事例3】——直美さんは父の死に際して実感がわかなかった自分を責めた

直美さんは、ずっと父親の看病をしてきました。まる五年です。直美さんは四十五歳。ひとり息子が家を離れ、ご主人と三人暮らしになってから二年が経っていました。

お父さんの病状はゆっくりと悪化していきました。看病の過程は決して平坦ではなく、ストレスだらけの日々という表現も大げさではありません。しかし、小さな頃から大好きなお父さんでしたし、病状が悪化してもいろいろな話をゆっくりすることができたので、充実感を味わうことも多かったそうです。

むしろ直美さんにとって問題なのは、夫婦関係でした。三人暮らしになった二年前頃から、ご主人との関係が希薄になってきたというのです。お互いによくしゃべるほうではないので、もともと会話もそんなにあるほうではなかったのですが、以前はいい関係を築けていると感じることができていたそうです。それがしっくりこなくなってきたのです。

直美さんは、そのきっかけについて自分なりに整理できていました。三人暮らしになり、直美さんはお父さんの看病にそれまで以上に専念できるようになりました。そして夫はそんな直美さんを気遣い、そっとしておこうとしたというわけです。直美さんも看病に専念するうち、夫のことをあまり気にかけなくなりました。お互いに距離を作ってしまったのです。でも、一度離れた距離はなかなか埋めることができず、直美さんの悩みは深くなるばかりでした。

そんなとき、お父さんの病状が急に悪化したのです。衰弱が目に見えてわかり、ずっと近くにいた直美さんはなおさら肌で感じ、父の死を予感したそうです。ですが、このときの自分の精神状態がもとで、のちのち直美さんはカウンセリングを受けることになりました。

父の死を予感したとき、直美さんは意外にも実感がわきませんでした。また、お父さんはそれからすぐに亡くなられたのですが、そのときも実感がわかず、夫婦関係の悩みが頭をもたげてきたのです。そんな自分がショックで、直美さんは自分を責めるようになったのです。

その後、「どうして悲しくないんだろう」「自分は冷たい人間なのだろうか」「夫婦関係がうまくいかなくなり、ひょっとしたら心のなかで父を責めていたのかもしれない」と、自分を責める気持ちが日に日に強くなり、カウンセリングに訪れたのでした。

カウンセリングでは、それまでの経過と責める気持ちについて聞いてから、父の死を予感したときに頭をもたげた夫婦関係の問題を、そのときどのように考えていたかを聞いていくことになりました。直美さんは十分に看病してこられたのです。それに、大事な人の死を実感できないことはじつはよくみられることなのです。直面する前に、ワンクッションとして心が麻痺してくれることがあるからです。ですから、責めること以外の何かを探すことはとても大切なのです。

話を聞くと、直美さんはそのとき、「これからも私の人生はある。夫と以前のようによい関係で生きてゆきたい」とか、「夫にはこれまで不自由させてしまった。申し訳ない」といった気持ちが浮かんできた、とのことでした。父の死のことを考えるとほとんど実感できずにモヤがかかったようなのに、これからの自分の人生ははっきりと意識されたというのです。このことが直美さんにとっては、自分のことしか考えないひどい人間のように思えてならなかったのです。

でも本当にそうなのでしょうか。直美さんと話をしていると、自分のことしか考えなかったのではなく、むしろ父の死を通して自分の生を見つめ直したと感じられないでしょうか。父の死に実感がわかなかったという側面だけに目を向けていると、それはショックかもしれません。しかし、父の死を通して自らの生を実感していた側面があったのではないでしょうか。そのような死の悼み方、向きあい方もあるのではないでしょうか。そう考えて、感じたままを直美さんに話してみました。

すると、直美さんはこの捉え方を受け入れてくれました。その後、お父さんの死を悼みながらも、この新しい意味づけに支えられながら、夫婦関係の修復に積極的に取り組み、今では以前以上によい関係で過ごしているそうです。

死の受け止め方を別の視点から捉える

直美さんは、大事な人の死を実感できない自分が薄情者であると意味づけていたことを、大事な人の死を通して自らの生を見つめ直している、というように意味づけを変えること（「リフレイミング」）で自分を責めることがなくなり、夫とも新たな関係築くことができました。

遺された人の悼みには、直美さんのように自分を責める気持ちが交じりあっていたり、ほかにもさまざまな気持ちが混ざりあっていたりするものです。こうした心の痛みに対しては、話された内容を上手に「リフレイミング」していく援助がとても有効です。

誰かに語り、聞いてもらう

高齢者と交わす死の話題は、とかく語りづらいものです。ですから、いくら解決志向ケアの実践を心がけても、介護者自身の負担になることを忘れていてはいけません。大変なときには、自分ひとりで抱え込まず、友人や同僚と死について語りあってほしいと思うのです。

聞き役ばかりに徹して自分のなかですべてを消化してしまおうとすると、しんどくなって聞き役に徹することができなくなってしまうかもしれません。これでは悪循環です。「解決志向ケア」のスタンスを自分自身にも当てはめて、「聞くだけではなく聞いてもらう」という「例外」を作っていってほしいと思います。

[参考文献]

1――井上勝也、木村周編『新版 老年心理学』朝倉書店、一九九三年

2――増井武士『職場の心の処方箋――産業カウンセリングルームへようこそ』誠信書房、二〇〇一年

第3章

介護者が疲れてしまわないために

第1節　介護保険制度の誕生

介護保険ができて、本当にありがたい。でも最初は使い方がよくわかりませんでした。他人様のお世話になりたくなかったし……

――ある介護家族

介護保険が導入された理由

日本は、世界に類を見ないスピードで高齢化が進んでいます。国際連合の分類では、六十五歳以上の高齢者の比率が全体の人口の七%を超えた状況を「高齢化社会」といいます。また、一四%を超えた社会を「高齢社会」といいます。日本は、一九七〇年に「高齢化社会」に入り、一九九四年には「高齢社会」に突入しました。高齢化の進展の状況を示す指標として、「高齢化社会」から「高齢社会」へ移行した年数が使われます。フランスでは百十五年、スウェーデンでは八十五年、ドイツでも四十年かかっていますが、日本の場合にはわずか二十四年という短い期間で移行しています。今後の推計でも、二〇五〇年には高齢化率が三二・三％に達すると予想されています。また、七十五歳以上の後期高齢者の増加が著しく、寝たきりや認知症といった要援護高齢者が増え続けると予想されます。

こうした要援護高齢者の介護は、これまで妻や嫁など家族が中心となって担ってきました。しかし、核家族化の進行や単独世帯の増加、女性の社会参加や就労の高まりによって、家庭における介護力は脆弱化してきているといえます。また、介護期間の長期化や介護の度合いの重度化、介護者自身の高齢化による「老老介護」などの問題点が指摘されています。それにともなう経済的、物理的負担も増大しています。

このような状況から、いつまでも介護を家族だけでおこなっていくことは不可能になってきました。そして、家族の身体的、精神的、経済的負担を軽減し、要介護高齢者の尊厳が保たれるような保健、医療、福祉に関するサービスを社会全体で充実させていく「社会的介護」が求められるようになってきたのです。

社会的介護を実現するものとして、二〇〇〇年に「介護保険制度」がスタートしました。「介護保険制度」は、保健、医療、福祉サービスが一元化され、介護サービス計画の作成を通じて高齢者自身によってサービスが選択できるものです。また、一人ひとりが保険料を払う社会保険方式が取り入れられました。高齢者は自らサービスを選択して契約することにより、それまでのように、行政に申請し、措置されて介護を受けていたことに比べて、サービスが利用しやすくなりました。

実際に、介護保険試行前の一九九九年度と試行後の二〇〇〇年度のサービス利用量を比較してみると、大幅に増加しています。また、七割の人がサービスの利用を増やしており、サービスの裾野が広がっていることがうかがえます。

では、実際にどのように利用することができるのか、見ていくことにしましょう。

【事例1】――認知症症状が出始めても自宅で暮らしたい場合

現在六十八歳の山本重雄さんは、定年退職まで仕事一筋の生活をしてきました。その後も、一週間に三日非常勤として通う生活をしていましたが、あるとき、交通事故に遭って大腿骨を骨折してしまい、六か月間の入院を余儀なくされました。そして杖をつけば何とか歩けるくらいに回復して、自宅に戻ってきました。

このことがきっかけで仕事は辞めてしまいました。歩くことがおっくうになり、また杖をついて出かけることに抵抗もあるため、自宅にこもるようになっていきました。奥さんはリハビリにもなるだろうと考えてグランドゴルフに連れて行ったり、景勝地の散策に出かけたりしました。また、囲碁や将棋などをすすめもしました。しかし、もともと趣味がなく、仕事以外で人とのかかわりがなかった山本さんは、新たなことに興味を示したり、そこでの人間関係を築いたりできずに、自宅でテレビを見る生活になってしまいました。そんな生活が三、四年経つ頃から、活気がなくなり、言葉も少なく、いつもボーっとしているような状態になってきました。

最近は奥さんが出かけている間にやかんを火にかけたまま止め忘れてしまったり、来客があって頂き物をしても、誰が来たのか忘れてしまったり、奥さんに伝えることができなかったりすることが目立つようになりました。集中力もなく、テレビで大好きだった野球中継を観ていても、状況が把握できません。奥さんからものを頼まれても、何を言われているのかわからないこともたびたびあるようになってきました。

そこで奥さんは、通院している整形外科の医師に相談してみました。医師は、脳神経内科を受診してみるように紹介状を書いてくれました。山本さんを診察した脳神経科の医師は、認知症の症状が出始めていることを認め、介護保険制度の利用の仕方も説明してくれました。

奥さんは市役所の高齢者福祉課を訪れ、「介護保険」を利用するための申請手続きをしました。数日後、市の保健師が「要介護認定」のための訪問調査に来てくれました。また、脳神経内科の主治医が「意見書」を書いて、市に郵送してくれました。しばらくすると、「要介護度2」との認定結果の通知が届きました。

さっそく市が紹介してくれた介護支援専門員（以下、ケアマネージャー）に連絡すると、介護サービス計画（以下、ケアプラン）を作成するために自宅を訪問して、介護に関する相談に乗ってくれたり、今後の意向を聞いてくれたりしました。その結果、山本さんが自宅で生活し続けることができるように、また奥さんに過重な負担がかからない方向で、保険料の内で在宅サービスを利用することで合意しました。

山本さんと奥さんがケアマネージャーと作成したケアプランは、一週間に二回デイサービスに通うとともに、一週間に一回、ホームヘルパーに来てもらい、たまにはショート・ステイも利用するというものでした。デイサービスに通い始めた頃は、スタッフやほかの利用者とのコミュニケーションがとれず、スタッフが目を離したすきに帰ろうとして行方不明になったり、ほかの利用者の昼食まで食べようとしてトラブルになったりすることがたびたびありました。が、徐々に慣れて一緒に活動をするようになりました。また、ヘルパーさんが山本さんの生活を尊重しながら、それとなく散歩に誘ったり、仕事をしていた頃の話を向けたりすると、答えてくれるようにもなりました。奥さんもデイサービス・センターのスタッフやヘルパーさんと日常的に話ができることによって、将来的な認知症の進行に対する不安の軽減につながりました。

【事例2】――糖尿病が悪化し、ひとり暮らしに自信がない場合

横田さん夫妻は、ひとり息子が長いこと海外で仕事をしているため、夫婦のみで暮らしてきました。横田さん夫妻は大変仲がよく、お互いに助けあって家事をおこなったり、いつも一緒に出かけたりしていました。ところが、二年前に奥さんを癌で亡くし、持病の糖尿病が悪化してきました。奥さんが亡くなってからは、食事もいいかげんになり、食事制限が守れない生活になっていました。寂しさを紛らわせるために、夜は毎晩のように小料理屋に行っては一杯飲むこともやめられなくなってしまいました。

そうこうしているうちに、長期間血圧も高かったため、脳梗塞を起こし、入院することになりました。脳梗塞の後遺症として右側の半身に麻痺が残ってしまいました。病院でリハビリテーションは受けましたが、歩くには歩行器か車椅子がないと転倒しやすい状況です。また、日常生活は左手で食事や洗面、排泄はなんとかできるようになりましたが、着衣や入浴、爪切りなど、細かいことは誰かに手助けをしてもらわないとできません。

しかし、病院からはそろそろ退院するようにいわれています。自宅に戻ってひとりで生活をしていく自信がない横田さんは、病院のケアマネージャーを紹介され、今後の生活について相談をしました。要介護状態が認定されれば介護保険制度を利用して福祉施設で暮らすことも可能になると教えられ、すぐに介護保険の申請手続きをしました。すると市の調査員が病院に来てくれて、「要介護認定」の調査をして行きました。病院の主治医が「意見書」を郵送してくれました。その結果、「要介護度3」と通知されました。

これを基に、病院のケアマネージャーが横田さんの考えに基づいて、入居できる施設を探してくれ、本人が望む奥さんの墓地のあるお寺の近くの介護老人福祉施設（特別養護老人ホーム）への入居が可能となりました。施設では食事療法をおこない、規則正しい生活リズムで、自分でできることは自分でおこなう暮らしを心がけました。また、ほかの利用者と一緒に囲碁や将棋、カラオケなどを楽しんだり、お彼岸やお盆にはお墓参りに出かけたりするなど、精神的にも安定した生活を送っています。

ケアプランとケアマネージャーが悪循環を切る

介護保険のサービスを受ける際に大きな柱となるのがケアプランであり、ケアマネージャーの存在です。ケアマネージャーは、サービスを利用される方の意思を尊重しながら、また家族が介護疲れで倒れないように配慮しながら、どれくらい日常生活動作ができるか、どのような福祉用具や改修が必要なのか、自宅でのケアがいいのか、それとも外に出かけてサービスを受けたほうがいいのかをアセスメントして、介護サービス計画であるケアプランを作成していきます。

ケアマネージャーがかかわることによる効果は、家族で長年介護していて、すでに介護疲れがピークに達しているにもかかわらず同じやり方で介護を続けようとしている場合には、特に顕著に表われます。以下のような場合を見てみましょう。

【事例 3】――介護すればするほど関係が悪化する親娘

早坂みよしさんは七十八歳です。六十歳をすぎた頃から関節リウマチを患うようになり、この三年間はほとんど寝たきりの状態になっていました。早坂さんは、長女家族と暮らしており、介護はもっぱら長女が担っていました。手もうまく動かせなくなっているために、食事は長女が全面的に介護して食べさせ、早坂さんは口を開けているだけという状態でした。しかも、献身的に長女が介護しているにもかかわらず、だんだんと長女に対する注文は多くなっていきました。

「この芋の煮っころがしは、なんて硬いんだろう。もう少し食べやすく作れないのかい」「今日の味噌汁はやけに塩辛いね。高血圧になってしまうじゃないか」「なんて、せわしないんだい、もう少しゆっくりしておくれ」など、食事の味付けから食べさせ方まで、いちいち口を出すようになっています。

また、排泄の介護のときにも、「痛い、痛い。お前はこの痛みがわからないから、そんなに乱暴にできるんだよ」と言い出す始末です。早坂さんのそういう言葉にも、長女は一切口答えをせず、「私がいたらないから」と早坂さんの要求に応じるような介護を続けていました。長女がそう思うのも無理はありません。なぜなら、早坂さんは長女にとって小さい頃からの自慢の母だったからです。いつも笑顔を絶やさず、誰に対しても優しく接する姿に、母のような女性になりたいと思っていたのです。

しかし、さすがの長女もふと、「なんだか、疲れちゃったわ。どうやったら、母は喜んでくれるのかしら」ともらすようになり、長女の介護疲れを心配した夫が、介護保険の窓口に相談し、ケアマネージャーが訪問してくれることになりました。

ケアマネージャーが早坂さんに、「食事は楽しみなことなのに、思うように食べられないのはつらいですよね。また、家族一緒に食卓を囲みたいですよね」と話しかけると、うなずき、介護の専門家が訪問することを承諾してくれました。ケアマネージャーは、本人の痛みをコントロールしながら自分で食べられるような訓練の仕方を、理学療法士に相談してみました。理学療法士は、ホームヘルパーや訪問看護師ができる方法を考えてくれました。朝晩は、これまでどおり長女に介護をしてもらうことにして、昼食時間だけ、毎日ホームヘルパーか訪問看護師に訪問してもらい、食事を取る練習をするケアプランを立てました。

毎日、ヘルパーや看護師が訪問して、励ましてくれたり一緒に喜んでくれたりすることで、早坂さんも意欲的に練習に取り組みました。そうして一年も経つと、自力で食事が取れるようになり、家族と外食に出かけたいと言うようにさえなりました。さらに、起き上がってポータブルトイレを使用することもできるようになりました。そして、一

人でトイレに行って用を足せるようになりたいと、ヘルパーや看護師に歩行訓練を頼めないかと考えています。一年前までかたくなに拒否していたデイサービスやデイケアにも通ってもいいなあと思うようになっています。最近では、将来に希望を持ち、毎日の生活を楽しんでいます。顔の表情も以前のような穏やかな様子になってきました。長女にも、思いつめた表情が消え、明るさが戻ってきました。

この早坂さんの場合は、ケアマネージャーが介入しケアプランを作成したことで、生活が変わりました。もちろん母娘の関係も変化しました。このようになるには、適切なケアマネージメントと本人・介護者の理解と協力、そしてサービス提供者側の努力の積み重ねがなければ効果が表われないことは言うまでもありません。しかし、何よりも重要だったのは、煮詰まって悪循環に陥っていた介護関係がケアマネージャーの介入によって改善されたことではないでしょうか。ケアマネージャーが介入せずにそのまま長女が介護を続けていたら、長女が倒れるか、母親につい手を上げてしまい虐待に陥っていたかもしれません。

介護保険制度が始まる前は、家族が介護をすることが当然のことで、ヘルパーに訪問してもらって介護をしてもらったり、施設に預けたりすることは家族にとって恥になることと考えられていました。また、介護をしてもらうことは、御上のお世話になることと感じているところもありました。ところが、介護保険制度が始まったことにより、公的なところだけでなく、民間企業やＮＰＯ法人などのサービス事業者が認められ、サービス提供者が増えたことや、みんなで介護保険料を支払うシステムになったことによって、福祉サービスに対しての敷居は低くなりました。

しかし一方で、妻がいるのに他人の世話にはなれない、妻も自分がいるのに他人には任せられない、という家族も見受けられます。また、家族介護者が「自分がしなければならない」という使命感に燃えて、一生懸命に介護し、誠心誠意尽くす場合、家族内だけで問題も抱え込んでしまって解決できなくなることが多く見受けられます。家族だけで解決しようと頑張れば頑張るほど、解決するどころか深みにはまっていくのはなぜでしょうか。

長谷川は、家族のシステムには自己制御性があり、システムを常に安定化させようとする機能が働いていると報告しています[1]。つまり、家族のなかに問題が起きると、その問題を解決しようとするシステムの自己制御性が働き、必然的に対処行動がとられることになるのです。しかし、問題が維持されるシステムにおいては、この対処行動自体が問題を支える行動となっている可能性があるのです。早坂さんのケースでは、お母さんに満足してもらえるような介護をしようと思って献身的な介護をする行動が、「偽解決」となって悪循環を形成していたのです。この悪循環に亀裂を入れることによって、問題が解決に向かったわけです。この悪循環の亀裂がケアマネージャーであり、ケアプランに基づいた介護だったのです。

【事例 4】――家族への視点も忘れずに

ケアマネージャーと、ケアプランによって、悪化の一途だった介護関係から抜け出すことができた早坂さん母娘でしたが、しばらくすると、娘の表情が曇りがちになり、元気がなくなっていきました。不思議に思ったケアマネージャーが訪問した折に聞いてみました。

「最近何かあったんですか。心配なことがあったらどうぞ言ってくださいね。夜の介護が大変なんですか」と問いかけると、

「そんなことはありません。みなさんのおかげで、母の状態もよくなってきているし、私といるときも、以前のように機嫌が悪くならないのでありがたいのですが……ただ、これまで私が一生懸命介護してきたことって何だったのかなあ、と思って」と話されました。娘は、母親とのあつれきは解消されたものの、母の介護に対して自分の役割や存在が希薄になったと感じていたのです。

この話を聞いたケアマネージャーは、早坂さんを訪問しているケアのスタッフを集めてケア会議を開き、娘の思いを伝えるとともに、どのような支援をしていったらよいか話し合いました。そして、これまでは、ケアスタッフがいるときくらいは娘さんに休んでもらおうと考えていましたが、娘さんにも介護に参加してもらおうということになりました。しかし、実際に介護を一緒にするのではなく、訪問したときに、「早坂さんは親思いの娘さんを持ってとってもお幸せですね」とか、「早坂さんがここまで頑張れるのは娘さんのお陰なんでしょうね」「やっぱり娘さんでないとわからないことがあるので、いろいろと教えてくださいね」などのように、間接的に参加してもらう方法です。ケアスタッフが、早坂さんとだけでなく、家族を含んだコミュニケーションを心がけるようになってから、また娘さんにも明るさが戻ってきました。

このケアスタッフがかけた言葉に共通しているのは、解決志向ケアの「コンプリメント」と「ワンダウン」の方法です。「コンプリメント」とは、称賛すること、つまり相手を褒めることです。「ワンダウン」とは、「相手のほんの少し下にいつも自分を位置させてぴったりとくっついていくこと」〔2〕です。

介護で苦労している家族を見て、専門家がやりがちな「偽解決」は、家族を少しでも楽にしようと、「こうしたらいいですよ」「ああしたらいいですよ」と非常に有効だと思われるアドバイスをいろいろとしてしまったり、気を利かせて直接要介護者が喜ぶようなことをしたりすることです。こういう態度を「ワンダウン」と対比して「ワンアップ」と呼びます。私たちは、困っている人を見るとついアドバイスしたくなって、ワンアップの姿勢をとりがちです。しかし、これだとせっかくの善意や親切はうまく伝わらないでしょう。一見助けようとしている方が助けを求めようとしているように見えるくらいに、支援していくことがいいのではないでしょうか。

〔参考文献〕
1——長谷川啓三『家族内パラドックス』彩古書房、一九八七年
2——若島孔文、長谷川啓三『よくわかる！ 短期療法ガイドブック』金剛出版、二〇〇〇年

第2節

介護にたずさわる家族への援助

親戚や兄弟なんていないと思って介護をすること。でないと恨みが募ります――ある長男家族

家族の誰かが倒れた。突然訪れる介護の日々。でも、ここで一生懸命に介護をすれば、何とか元に戻ってくれるのではないか。ところがなかなか効果が表われない。次第に家族は焦ったり、イライラしたり、いつまで続くのかと不安になったりします。そうしているうちに家族関係もギクシャクして……ということは、介護にたずさわる家族においてよく起こることです。

ここでは、家族が介護に当たるときのポイントを、以下、1・行き詰まった介護から抜け出すために、2・介護のストレスを緩和するために、にまとめ、事例を挙げながら紹介します。

1・行き詰った介護から抜け出すために

【事例1】――いつも同じことを繰り返してしまう舅と嫁

舅と日中いつも一緒にいる暁子さんは、もう我慢の限界です。「さっき食べましたよ」と言うと、「ごはんはまだかい?」。「私はこのうちの嫁ですよ」と言えば、「あなたはどなた様ですか?」。「お財布はここにありますよ」と言っても、「財布が盗まれた!」。「ここはおじいちゃんのお家ですよ」と言ったら、「早く家に帰りたいよ～」。毎度こんな調子です。

暁子さんもそれが認知症のせいだとわかっています。わかっていても愚痴を言いたくなるのです。夫もそれとわかっていながら、「物忘れだからしょうがない。それが年寄りってもんだ。年寄りの繰り言とはよく言ったものだよなぁ～」なんて言って、他人事のようにのらりくらりとかわそうとします。「もう。そう言ってしまっちゃ元も子もないじゃない。あなたの親なのよ！　こっちの身にもなってよ。どうしていつもいつも、同じことを言わせるのよ！　どうしていつもいつも同じことをやるのよ！」。愚痴の内容も理由もいつも同じ。わかってはいるけれど、同じことをいつもいつも言わずにはおれない暁子さんでした。

悪循環を作るコミュニケーション行動

暁子さんは、舅にいつも同じことを言い、舅の対応をいつも夫に相談しています。しかし、事態は変わらず、同じことの繰り返しが起きています。なぜ、このような繰り返しが生じてしまうのか、コミュニケーション行動の言語・非言語の両面にわたって、詳細に観察してみましょう。

舅　「ごはんはまだかい？」

↓

暁子　「さっき食べましたよ」（ひきつった笑顔で）

↓

暁子　「何回言わせれば……。ねえ、ちょっと、しょうがないとわかってても、私もう限界なんだけど！」（いつも同じ表情、口調）

夫　「物忘れだからしょうがない。それが年寄りってもんだ。年寄りの繰り言とは**よく言ったものだよなぁ～**」（**と、視線を逸らしながら、のらりくらりその場を離れる**）←

暁子　「もう。そう言ってしまっちゃ元も子もないじゃない。あなたの親なの**よ！**　こっちの身にもなって**よ**。どうしていつもいつも、同じことを言わせるの**よ！**　どうしていつもいつも同じことをやるの**よ！**」（**語気荒く、出て行こうとする夫の背中に向かって吐き捨てる**）←

ここで着目したいのは、太字になっている「　」内にある言語、（　）内にある非言語の行動です。それらは、この同じことの繰り返しを解くためのヒントになっています。ちなみにここで、ある行動が次に取り得る行動の選択幅を減じていくことを「拘束」といい、「拘束」から生じる行動の循環のことを「パターン」といいます。そして、このパターンこそが「悪循環」となり、変わらない事態を生んでいたのです。

マネージメント・コミュニケーションを変えてみる

悪循環の切断に有効なのは「do different!」（違うことをやろう！）でした。では、どこを、どのように「do different!」すればよいでしょう。先にヒントとして述べた太字部分を思い出してください。ポイントはこの「マネージメント・コミュニケーション」と呼ばれるものにあります。マネージメント・コミュニケーションとは、非言語的な行動や語尾につく言葉、イントネーション、語気のことをいいます。そしてこのマネージメント・コミュニケーションを「できるだけ小さく、面白く」[2]変えてゆくのです。たとえば、次のようにです[1]。

暁子　「さっき食べました**よ**」（**ひきつった笑顔で**）
その1　「食べました**よ**」ではなく、「食べました**ね**」と言ってみる。
その2　（**ひきつった笑顔**）をやめて、（**泣きながら舅に訴えるやり方**）に変えてみる。

暁子　「何回言わせれば……。ねえ、ちょっと、しょうがないとわかってても、私もう限界なんだけど！」（**いつも同じ表情、口調**）
その1　（**いつも同じ表情、口調**）ではなく、夫への手紙に託してみる。
その2　フシをつけて歌にしてみる。

暁子　「もう。そう言ってしまっちゃ元も子もないじゃない。あなたの親なの**よ！**　こっちの身にもなってよ。どうしていつもいつも、同じことを言わせるの**よ！**　どうしていつもいつも同じことをやるの**よ！**」（**語気荒く、出て行こうとする夫の背中に向かって吐き捨てる**）
その1　「**よ**」を、「**でーす**」と言い換えてみる。「あなたの親なの**でーす**」「こっちの身にもなってほしい**でーす**」のように。

いかがでしょうか。このように、コミュニケーションのマネージメント的側面をちょっと変えてみるだけで、そこでのコミュニケーションの雰囲気がかなり違ってきたでしょう。そして、ひとたび変化が起きたら、あとはもう連鎖的に変化が起こってきます。

【事例2】――介護したりないと自分を責める夫思いの妻

由美子さんは夫を介護して三年目になります。定年退職をしたら一緒に旅行をしようと楽しみにしていた二人でした。しかし、夫は退職してまもなく脳梗塞で倒れてしまったのです。一命は取り留めたものの後遺症が残りました。今でも夫は病院のリハビリテーションに通院し、由美子さんは夫を励ましながら一緒に理学療法士に教えてもらったリハビリを家庭でも熱心にやったりしています。しかし、いつもこれでいいのだろうか、何かもっとやってあげられることがあるのではないかという思いが常にあって、後ろめたさを感じています。あるとき、実のお姉さんにこの気持ちを伝えてみました。

「私、これまで夫の世話をすることがきついとか、いやだとかって一度も思ったことないの。ただ、なかなか回復しないのは私が何かサボっているからなんじゃないかって……焦っても仕方ないと十分にわかっているんだけど。でもね、もしかしたら私が大きな間違いをしていてね、何か見逃しているんじゃないかと思ってしまうのよね」

すると、お姉さんは、

「確かにねえ、あなた、これまでやってきてないこと、見逃していることがまだあるんじゃない？　たとえば旦那と一緒に俳句を詠むとか。えっ、まだやっていない？　これ絶対やらないと駄目よ！」

と言いました。これを聞いて由美子さんは目を丸くしてしまいました。

「パラドックス」と「ノイズ」の効用

お姉さんからみても妹である由美子さんは、妻の立場をこなしながら、夫の介護を十二分におこなっています。ここで、論理的に考えれば、頑張りすぎている由美子さんを休ませることが妥当でしょう。さもないと介護疲れがどんどんたまり、介護の息切れにつながってしまうことが考えられるからです。

しかしお姉さんは、由美子さんが「やり足りない、もっとやらないと」と言うのに、それを「もう十分やっているじゃない」と押さえ込むことではなく、「もっとやることがあるわよ！」と追い打ちをかけています。これは「パラドックス」という技法です〔3〕。しかし、夫婦で一緒に一生懸命俳句を詠もうとしたことは、結果的に由美子さんに充実感と楽しささえもたらしました。

また、このとき「俳句」というトピックをもってきたお姉さんのセンスも絶妙でした。「俳句」という、介護とはまったく無関係の「ノイズ」を入れたからです。この「ノイズ」によって、由美子さんはいわゆる介護ではない作業に没頭することで、図らずも介護疲れに陥ることを避けることができたのです。「それをするな」ではなく、「それの代わりにこれをしよう」が由美子さんにはフィットしたのでした。

【事例3】――突然の同居に動揺する家族

早くに妻を亡くして東京でひとり暮らしをしていたお父さんの正造さん。年が年だけに札幌に住む長男の正男さんのところに同居することになりました。正男さんの妻もよく理解を示し、一家で正造さんを迎えたのですが、最近になって認知症の症状が出てきました。妻から話を聞いて、介護に覚悟を決める正男さんでしたが、戸惑う妻、そして最近おじいちゃんが変だということに気づき始めた子どもたちに対しては申し訳なく、気が重くなります。やかんを火にかけたまま忘れてしまったり、「ちょっとそこまで」と言って出かけたものの帰って来られなくなり、妻や子どもと早朝から夜遅くまで正造さんを探すことになったり、自分がいない間にとんでもないところを汚物で汚したり……。

「はぁ〜、これではオヤジのことで家族に負担や迷惑をかけてしまうことになる……」。正男さんは深いため息をつきました。

問題行動をユーモアで解消する

子どもが離れて暮らしていた老親と一緒に暮らし始めることはよくあることです。それが子どもの務め、親孝行と一般に見なされているせいでもあります。しかし、高齢者が長年住み慣れたところを離れて見ず知らずの土地に行くということは、適応力が弱くなっている高齢者にとってはダメージが大きいのです。土地勘もなく、息子夫婦に遠慮して家にだけいることによって、徐々に認知症の症状が進んでいくことも少なくありません。

これから先どうなるのだろうと不安に思っている正男さんに、あるとき息子がこんなことを言いました。

「おじいちゃんが、昨日冷蔵庫の中に入ろうとしていたよ！」

一瞬何のことかわかりませんでしたが、よくよく考えると、お父さんが夜中、食料を漁っていたということらしいのです。しかし、子どもがおじいちゃんのその姿を見たところ、明らかにそれは、冷蔵庫の中に一生懸命入ろうとしている姿に映ったのです。「冷蔵庫の中に首をつっこむ＝食料を漁る」というのではなく、「冷蔵庫の中に首をつっこむ＝冷蔵庫の中に入る」という解釈を子どもがたまたま与えたことによって、正造さんの行動が一気に笑いを誘うものになったのです。

「解決志向ケア」（ＳＦＣ）では、「ユーモア」をとても重要視しています。それ以来、正造さんの行動は、困ったものであるにはちがいないけれど、じつは面白いとみることもできるし、それが家族に共有されたことにより、家族内の緊張が少し和らぎ、以前のような温かさが戻り始めました。

【事例4】――認知症の母につらく当たってしまう娘

純子さんは実のお母さんと同居しています。そのお母さんの様子が最近おかしいのです。実の娘を前に「あなたは誰ですか」などと言うようになってしまいました。純子さんは「ああ、大変なことになっちゃった。でもまだ大丈夫。いつもいつもおかしいわけではないもの」。そう思い、「しっかりしなさい！　あんなに自立心が強かったお母さんはどこにいってしまったの！」と言ってお母さんの手をぴしゃっと叩き、強く当たってしまうこともしばしばです。そんな純子さんにお母さんは、「何でそんなに強く言うの」と涙をこぼすのです。そのたびに純子さんは自己嫌悪に陥るのでした。

虐待に見える行為を「リフレイム」する

この純子さんのお母さんへの対応は、はたから見れば、老人虐待ともいえるものです。しかしこのとき、「虐待は駄目じゃないか！」と頭ごなしに言うのは効果的ではありません。そこで、たとえば純子さんの場合、夫から次のように言ってもらうといいでしょう。

「児童虐待というのは、許されないことだしとても悲しいことだが、それは、その子どもへの大きな期待や思いの表現と紙一重とも言えるそうなんだよ。君も、〈お母さん、元に戻ってよ！〉という思いが大きいからこそ、お母さんへの期待が裏切られたときに、とても残念な気持ちになるんだよな」と。

これは、「解決志向ケア」（ＳＦＣ）のなかの「リフレイム」という技法です。リフレイムとは「再意味づけ」と訳されます。夫の言葉は、お母さんに対する娘の行為に「リフレイム」をおこなうものになっています。リフレイムとは、「起きた事実は事実として認めるが、その事実を背後から支えている枠組みの方を変えて、全体としての意味は全く変えてしまおうという技術」〔２〕です。「嘘ではない嘘」とも言われます。

純子さんは、自分にこらえ性がないから、と自分を責めていました。しかし、この「リフレイム」によって、自身の母親に対する期待の大きさを知りました。そして、お母さんと接するときは、自らの思いのせいでお母さんを悲しませるようなことはやめようと思った、とのことです。

【事例５】――施設職員の介護を監視する息子

実のお父さんを老人ホームに入れることにした剛さん。剛さんが婿養子に入ると決まったときから出ていた話でしたが、お父さんに最近認知症の症状が出始め、ひとり暮らしは危険となり、ついに老人ホームへの入所が現実になりました。剛さんはかねがね、マスコミを通じて、老人ホームについての悪い話もあることを聞いていましたので、老人ホーム選びは入念でした。評判がよいのはもちろんのこと、お父さんの顔をいつも見られるように、仕事帰りに毎日寄れる、仕事場と家との間に位置するところを条件に探しました。

そして入所後。剛さんはお父さんが十分満足なサービスを受けられているか、邪険にされていないか、チェックに余念がありません。何かあれば老人ホーム職員に即お小言です。「ちょっと！　親父の枕カバー汚れてるんだけど！　いつ洗濯したの、ちゃんと取り替えてるの?!」「ちょっと！　なにこれ！（塗り絵作品を指さして）なんでこんな幼稚なこと親父にさせるの?!」。剛さんのお父さんの担当の山田さんは、もうこりごり。担当を代えてもらえないかと目下、思案中です。

「スプリット技法」でバランスを保つ

施設職員と家族の関係がまずくなると、間違いなく、家族が一番大事にしてもらいたい肝心のお父さんと施設職員との関係がまずくなります。

では、どうすればよいでしょう。「解決志向アプローチ」（SFA）の「スプリット技法」を活用することをおすすめします[3]。これを実行するのは、家族でもいいですし、施設職員でも構いません。ただし実行してもらう人、ここでは、家族ならば息子以外、施設ならば山田さん以外の人でなければなりません。この場合、息子の嫁と主任介護員が適当でしょう。そして次のように話してもらうのです。

剛さんの嫁　「（介護施設への電話で）私は入江剛の妻でございます。いつも義父がお世話になっております。義父を担当してくださっている山田さんにお伝えいただきたいのですが。私は、いつも夫が施設を夕方になって訪ねては担当の方にご迷惑をおかけしているようで、大変申し訳なく思っています。しかし、夫は夫なりに父親を思う気持ちが強いばかりに、つい山田さんに辛辣になってしまうようなのです。どうぞご理解ください。ただ、夫がしきりと塗り絵のことを責め立てておりましたが、あれはおかしいと思います。私は、とても素敵な作品だと拝見しました」

主任介護員の代田さん　「（入江家への電話で）私は山田の同僚の、代田と申します。当施設をいつも御利用いただき、ありがとうございます。ご主人にお伝えいただきたいのですが。私は、いつも山田がご主人にご迷惑をおかけしていているようで、大変申し訳なく思っています。しかし山田は山田なりにお父様に喜んでもらおうと、一生懸命がんばっています、どうぞ御理解ください。ただ、塗り絵は私も人生の先輩にやっていただくには、ちょっと申し訳ないのではないかと思っております」

何が起こっているかおわかりでしょうか。お嫁さんも、代田さんも、自らの立場を「スプリット」(分裂)させているのです。お嫁さんも代田さんも、家族の肩も施設の肩も両方持っています。このことで、両者とも、家族と施設職員との関係をプラスに転じさせるような発言をおこないながら、自分の所属集団、つまり、家族、施設としての共通性を保つような発言もおこなっています。こうすることで、両者の関係のバランスを上手く保とうとすること、それが「スプリット技法」です。

2・介護のストレスを緩和するために

介護によるストレスはどんな人にも避けがたく生じます。

ここでは、さまざまな介護ストレスに対してどのように対処しながら介護者自らを守っていけばよいか、ヒントを示したいと思います。

[ヒント1] 介護行為を軽減する

介護には、身体的疲労がつきものです。家族は、専門的知識や技術を学んでから介護をしているわけではありません。必要に迫られて介護を始める家族にとっては、体を抱えて寝かせたり起こしたり、着替えをしたり、入浴や排泄の介護をすることは肉体労働にほかなりません。介護技術が乏しい家族介護者にとっては、無理な介護方法が腰痛や頸腕症を引き起こしてしまいます。そこで、地域でおこなわれている介護教室などに参加して介護の仕方について教えてもらいましょう。専門職の理学療法士や作業療法士から介護のコツを指導してもらうとともに、先輩の介護者たちから失敗談や工夫した方法などを聞くこともでき、情報交換の場ともなることでしょう。

また、いろいろな用具を使って介護負担を減らすこともできます。たとえば、ベットも高さが調節できるものを選ぶことで、高齢者が足を着いて移動しやすいように低くしたり、介護者が介護しやすいように高くすることもできます。あるいは、浴槽に腰かけられるくらいの板を渡し、そこに回転板を置くことで浴槽への出入りが楽にできます。介護用品は日々進化しており、こうした介護用品を活用することでストレスを軽減できるのです。

［ヒント2］　第三者の介入のすすめ

長い間、介護者と要介護者の二人で過ごす時間が多くなると、要介護者の介護者への依存が強くなって苦痛を感じたり、せっかく善意で介護していても、その気持ちが届かず、むなしくなったりすることがあります。二者関係は閉塞的な関係になりがちです。そこで、家族以外で介護に協力してくれる人や相談相手を積極的に活用しましょう。介護の不満や愚痴を吐き出せる人がいることは、ストレスの解消につながります。

［ヒント3］　たまには現実逃避をしよう

介護負担が増えてくると、「いつまで、こんな状況が続くのだろう?」「このまま放置して出て行ってしまいたい」「いっそのこと亡くなってくれれば……」などといった否定的な感情に支配されてしまうこともあります。人間はもともと負担になる刺激、嫌な刺激に対して逃避したいという気持ちが働くようになっています。これは、自分を守るための健康な反応です。ときには、ほかの家族に介護を任せて自分の時間を持ちましょう。長時間、介護場面から離れられない場合には、家の中にひとりになれる自分のための空間を作りましょう。

［ヒント4］　介護者へのケアこそが大事

要介護者にかかわる人間関係がストレスになる場合が少なくありません。老親を兄弟姉妹やその配偶者に介護してもらっている場合、「普段なかなか介護してあげられない」という負い目や、「長男（長女）なんだから、自分がしっかりサポートしなければ」という使命感などから、介護者にあれこれと余計なことを言ったりして、ストレスを与えてしまうことがあります。また、訪問したときくらい介護者を自由にしてあげたいという思いから、要介護者だけを囲んでしまうことがあります。ところが周囲の目が要介護者だけに向けられることで、介護者の妬みや憎しみが募ることもあるのです。訪問したときには、要介護者だけとかかわるのではなく、介護者とも過ごしましょう。そうすることによって、介護者から孤独感が消え、また介護を続けようという気持ちになるのではないでしょうか。

［参考文献］

1――若島孔文、長谷川啓三『よくわかる！ 短期療法ガイドブック』金剛出版、二〇〇〇年

2――小野直広『こころの相談――カウンセリングを超える新技法』日総研出版、一九九五年

3――長谷川啓三『家族内パラドックス』彩古書房、一九八七年

第3節

介護の専門職への援助

言葉はもともと魔法だった――スティーヴ・ド・シェーザー

創造的な活動の中に喜びと変化がある。あえていうならそこに癒しがある――長谷川啓三

介護保険のサービス利用者やその家族にとって、介護専門職の存在は大きいものです。それだけに支援者自身の仕事に対する意識やストレスが、利用者へのサービスの質に大きく影響するといえます。しかし、残念なことに「きつい」「暗い」「給料が安い」「休日がない」などの理由から、最も離職率が高いのも福祉関係の従事者、とりわけ施設職員です。介護専門職をいかに支援していくかは、よりよい介護サービスを提供するうえで重要な要素といえます。

対人援助の仕事に就くタイプの人は、ある意味、人を手助けしたいという、志の高い人が多いのではないでしょうか。ところが実際に現場に出ると、よかれと思ったことが非難されたり、自分本位に見える家族や利用者に振り回され、「こんなはずじゃなかったのに……」と思う場面に多く遭遇するかもしれません。いかに次々とふりかかる問題をこなしていくかは、専門職自身のメンタルケア、就労意欲、ひいては介護サービスの質にまで影響を及ぼす大きな課題です。ここでは、介護専門家の目線で事例をいくつか紹介していきましょう。

1・利用者や家族と関係をよくするために

【事例1】――よかれと思ってやったことが……あだになる?!

田中さんは、大変熱心な介護ヘルパーです。いつも利用者である高齢者のニーズを把握して、どの利用者からも喜ばれる頼もしいヘルパーさんでした。ところが、Aさん宅では、よかれと思ってしたことがかえってあだになってしまう出来事が起こったのです。

田中ヘルパーさんは、Aさん宅に通い始め、利用者のAさんにも大変気に入られていました。Aさんが「あなたがうちの嫁だったらいいのにね～」という言葉を否定もせず、喜びの声として受け止めていました。ところがまもなくして、Aさんと同居している息子から、ヘルパーを変えてほしいとの連絡が入りました。田中ヘルパーさんは「なんで？あんなにAさんは喜んでくれているのに……」と最初は耳を疑いました。理由を尋ねると、田中ヘルパーさんが来るようになってから家族の人間関係がギクシャクしてきた、というのです。

さて、何が起こったのでしょうか。

じつは、Aさん宅には、田中ヘルパーさんと年齢が同じくらいのお嫁さんがいました。田中ヘルパーさんがかいがいしくお世話をしてくれるのでAさんは、「うちの嫁だったらいいのに……」と家でぼやくようになったというのです。それを聞いたお嫁さんは気分がよくありません。もともと潜在的にうまくいっていなかった嫁姑問題が一挙に噴出してしまい、今までしぶしぶお世話をしていたお嫁さんも、「そこまで言われるのであればこれ以上世話をしたくない」と言い出す始末です。

母と妻に挟まれた息子は、仕方なくヘルパーの変更をお願いにきたということでした。

6

【コラム】――介護をめぐる事件――私ならこう解く

床ずれは介護次第――用具を使って工夫する

床ずれは、身体の重みが長い間同じところにかかったときにできる皮膚の傷のことです。正式には褥瘡《じょくそう》といいますが、ほとんどが寝ているときにできるので床ずれといわれています。

酒井よしこさん（八十五歳）は脳溢血で倒れ、A病院に入院しました。一命は取り留めましたが体に麻痺が残り、食事や排泄の世話が必要になりました。歩くことができず寝たきりとなり、軽い認知症の症状まで出始めました。しかし、A病院ではこれ以上脳溢血の入院治療は必要なしと判断され、退院せざるを得なくなりました。幸運にも、その後老人病院のB病院に空きが出て、転院することができました。

さて、初めてよしこさんに会ったとき、B病院の看護師さんはびっくりして怒り出しました。よしこさんの体のあちこちに床ずれを発見したからです。看護師さんは「A病院は完全看護の病院でしょ。なんでこんな床ずれ作らされているの！　A病院の看護師はどんな看護をしていたの!?」と言い、信じられないようです。よしこさんはB病院に移ってから、床ずれがよくなり、もう床ずれができることがなくなりました。

寝たきりで介護を必要とする人に床ずれができてしまった場合、家族や介護者の責任のように言われてしまいます。床ずれが一度できてしまうとなかなか治りにくく、傷の痛みとともに精神的苦痛も深刻なものとなります。さらに看護に多大な労力がかかり、治療にかかる費用も高額になるという悪循環が起こります。ですから、床ずれは予防することが肝心なのです。それには、二、三時間置きに寝返りの介助（体位交換）をすることが必要ですし、栄養状態をよくするよう食事に気を配り、体を清潔に保つことを心がけなければなりません。しかし、介護者側も実際のところ大変です。あらゆる犠牲を払って、きちんと介護しなさいと強迫されているかのようです。特に二、三時間置きの体位交換をし続けることは不可能といっていいでしょう。

そこで、いろいろな用具を使って介護者の負担を減らしてゆきましょう。まず、ベッドは高さの調節と背上げや脚上げができるものを選びましょう。最も効果的な床ずれの予防方法は、できるかぎり座位（足を床につけて腰かけた姿勢）をとるようにすることです。本人が操作できるように電動式のものを使用すればさらに介護の負担が軽くなります。このような進化したベッドはわざわざ購入しなくてもレンタルすることができるので、介護用品を扱っているところで相談してみてください。

一日に一度、抱えてでも立位姿勢をとらせるという実践をなさっているご家族もいます。また、エアーマットを利用するのもいいと思います。エアーマットは空気の浮力で体圧を分散し、同じ部位に圧力がかかるのを防ぎます。マットは厚いものと薄いものがありますが、自分である程度動ける人には、動きを妨げない薄いものがいいでしょう。また、エアーマットの空気の入れ方を適切に保つことがとても重要です。体重によってエアーポンプの圧力を変える必要があります。実際に体圧が均一にかかっているかどうかを、簡易体圧計という機械で測定することもできるようです。そのほかにも、円座や、かかとクッションなどを必要に応じて活用しましょう。このように、用具を工夫することで解決できる道があるのです。

援助者が陥りやすい悪循環のパターン

【事例1】は、家族システムの関係性を知らないために起きた悪循環の一つです。支援者は、利用者との二者関係性がうまくいけばよいと捉えがちですが、その利用者は、家族システムのメンバーであるという視点を忘れると、このような悪循環が起こってきます。もともと潜在的に嫁姑問題があったお家ですから、田中ヘルパーとAさんの関係がよくなればなるほど、お嫁さんとAさんの関係が悪くなるのです。よかれと思ってしたことが、知らず知らずのうちにAさんとお嫁さんに大きな亀裂を生じさせていたのです。

では、この悪循環に巻き込まれないためにはどうしたらよいでしょうか。

専門家・支援者は、利用者が家族のなかで生活していきやすいようにサポートする視点を忘れてはいけません。つまり専門家とはいえ、家族にかかわると、家族システムに大きな変化を起こすということです。

Aさんの話を聞きながらも、お嫁さんを立てましょう。一緒になってお嫁さんの悪口を言うのはもちろん厳禁です。「うちの嫁ならいいのに」という言葉も悦に入って聞いていてはいけません。むしろ、お嫁さんのよき通訳者になってあげるとよいでしょう。「いいお嫁さんですね」「お嫁さんは、お姑さんのことを褒めておられましたよ」「お嫁さんは、Aさんのことを一目置いておられますね。尊敬しておられるようですね」などと橋渡し役になることも大切です。

こんな一件があってから、田中ヘルパーさんはこのことに気づき、Aさんに次のように伝えました。

「〈お嫁さんは、気が回らない〉とおっしゃるかもしれないけれど、私と比べないでくださいね。私はこれが仕事で、プロですからね。お嫁さんも〈どうしたらいいのか？〉って私に尋ねてきますよ。きっとお嫁さんもお姑さんにどのようにしたら喜んでもらえるのかって日々考えているのではないかしら。とても優しいお気持ちがあるお嫁さんですね」

すると、横で聞いていたお嫁さんも、照れながらもまんざらでもなく、Aさんも「そうなんだよね。うちの嫁は努力家なんだよ」と嬉しそう。みるみるうちに悪循環のコミュニケーションに終止符が打たれました。

おまけに、息子さんにも「よくやってくれているね」と妻へのねぎらいの言葉をかけてもらい、そして母親には感謝の言葉を伝えてもらったところ、効果抜群！　みるみる嫁姑の問題まで解決に向かったのでした。

「言葉は、もともと魔法」だったのです。システムを見据えて魔法の言葉を使うと、効果テキメンです。

【事例 2】――「死にたい」とだけ訴えるサチさん

なぜか訪問をおっくうに感じてしまうお宅がありました。それは、サチさんのお宅です。若い頃は気立てがよくて、近所でも人気者であったそうです。けれども高齢になり、認知症とうつが併発してしまったのです。ともかく「死にたい」と訴えるのみで、ほかの反応が少ないのです。訪問を喜んでいるのか、迷惑がっているのかさえもわからないのでした。

ある日、訪問相談員が「冷たい手だけれど握手してもいいかしら？」と言うと、サチさんは、そっと布団の中から手を出しました。その瞬間から、サチさんと介護相談員との言葉を超えた交流が始まりました。その後もやっぱり、サチさんは、「死にたい」というのみで多くを語らないのですが、訪問介護相談員が帰るときには、すっと手を出し握手を求めるようになりました。ところがある寒い日、握手をすると、サチさんが相談員の手を握って、「冷たい手だね。大丈夫かい？」と声をかけてくれたのです。何かが変わった瞬間でした。サチさんの言葉に相談員自身の心が癒やされた瞬間でもあり、かつての心優しいサチさんの姿が顔を出した瞬間でもあったのです。その後、少しずつ、「死にたい」という訴えはなくなってきました。

「帰りたい」「死にたい」の言葉にひっかからない

認知症の高齢者や施設入所者がよく言うのが、「帰りたい」「死にたい」という言葉です。認知症になると自分自身の感情表現や思いを語る言語能力も衰えてきます。けれども、一方で、人を動かす言葉はよくわかっているのです。その最たるものがこれら二つの言葉ではないでしょうか。この言葉は、かかわる人への罪悪感を刺激して、家族や、ともすれば介護の専門家にまで、無力感を与えてしまうパワフルなコントロール言語になります。言語には、人の感情と行動を拘束する力があるからです。「あんたのせいで……」などという、特に相手に罪障感を引き起こす言葉は、より一層強く相手の心を拘束してしまいます。

この言葉を聞いて、せっかく入所できる寸前までいって、取りやめた家族も少なくないのではないでしょうか。まず、この言葉にひっかからないでおきましょう。これらの言葉の背後にある不安感や恐怖心、孤独感を理解し、そこに手立てをすることで解決することができます。

【事例3】――「老いの繰言」のすすめ

老人ホームに入所している貞夫さんは、認知症になり無気力で表情が乏しい高齢者でした。話すことは、ふるさとに帰りたいと繰り返すばかりです。そんなときに施設でグループ回想法を始めました。めんこの話題になったとき、貞夫さんは、「めんこ力士」とあだ名がつくくらい、村一番のめんこ上手といわれていた話を始めました。その表情は、子どもの頃の貞夫さんをほうふつとさせるくらい、豊かな自信に満ちた笑顔になっていました。貞夫さんは、ふるさとの子ども時代に生き生きと遊んでいた思い出を語ることにより、エンパワーされ、表情が豊かになり、食欲も増えてくるという変化を見せました。職員も初めて貞夫さんの幼少期の話を聞き、意外な驚きを感じると同時に、ようやく貞夫さんの心に届くコミュニケーションの取り方がわかり、会話が進むようになりました。次第に、貞夫さんは表情と感情表現が豊かになり、活動にも積極的に参加する姿勢を見せ始め、生気を取り戻しました。

「回想法」によるパラドックスと例外?!

昔話を何度も飽きもせず繰り返し話す高齢者。それを「老いの繰り言」として否定的に捉えてしまう家族や介護専門職も少なくないでしょう。「回想法」とはこれを否定的なものではなく、積極的なものとして捉え、昔話を積極的にしてもらうことで、失いかけた自尊感情を回復させ、対人交流への意欲を回復させる方法です。昔話をすることで、認知症の予防になり、改善につながるという数々の報告がなされています。この方法は、アメリカ人の精神科医ロバート・バトラー氏が考案したものです〔1〕。「回想法」では、写真を見たり、当時の歌を歌ったり、昔の懐かしいものを見ながら話をしたり、音・香り・味まで身の回りのことすべてをテーマの材料としてとりあげて実施することが可能です。できるだけ、季節感のあるもの、時間や場所を想起させるテーマがより良いとされています。

このことを解決志向アプローチやコミュニケーション学派からの観点で説明すると、高齢者の話を、「老いの繰り言」として、周りからネガティブな反応をもらっていたものが、パラドキシカルに積極的に語ってもらう機会を得たことで、膠着していたコミュニケーションから、新たな「良循環」の交流に切り替えることができたと説明することが可能でしょう。また、失われてしまっていた生き生きとしていた子ども時代の過去の「例外」を思い出すことで、かつて有していた解決策のリソース（資源）にふれることができたともいえるかもしれません。

【事例4】――楽しい訪問にしてしまう若手のヘルパー

若手のヘルパーである佐藤さんは、携帯世代に育ったバリバリのヤング・ヘルパーです。

寝たきりの高齢者に対して、佐藤さんは文明の力を使わない手はないと思いつきました。カメラ機能付きの携帯電話片手に訪問に行き、お庭に咲く花や木の写真を撮っては、寝たきりで自分の庭すら見ることのできない高齢者に見せてあげるのです。ベッドの中で、すぐに庭を見られる喜びを高齢者に与え、好きな音楽まで携帯で受信して聞かせてあげる人気者のヘルパーさんです。じつは工夫するときに、ヘルパーさん自身が「今度は、どんなことでお年寄りに喜んでもらおうか」「どのような方法でびっくりさせてあげようか」と思案するのが楽しくて仕方がないそうです。

文明の利器を使いこなし、自分も楽しむための工夫

佐藤さんのように創造的に仕事ができていると、利用者も介護者もお互いに生き生きしてきます。工夫と創造は人を生き生きさせ、疲れを吹き飛ばす力があります。つまり、創造力のなかに大きな「変容」と「癒し」の作用が起こります。創造的な力が形になるとき、人に活力を与えるエネルギーに変わるからです。

【事例5】――仏壇のある老人ホーム

K市の老人ホームには、壁一面にそれはそれは大きな仏壇があります。そこは仏教系の老人ホームだからなのですが、なぜかその老人ホームの入所者の平均寿命が長いのです。

そこに入所しているハルさんは、毎朝のお勤めを欠かしません。仏壇にお水を上げてお経を上げるのです。ハルさんは、自分のこともさることながら、子どもや孫の健康と幸せを願って毎日のお勤めをするのが生きがいになっています。家族や孫もそのことを知ってるので「おかげさまで、元気でやっているよ」と、面会にくるたびにハルさんにそう伝えます。ハルさんは、その言葉をいつもとても嬉しそうに聞いています。ハルさんが家族や可愛い孫のために唯一できることは、仏様に祈ることしかなかったのです。でも、それがハルさんに生きがいを与えているのです。

欠かせないこころの支えと魂のケア

年を取ると体が衰え、健康を失っていきます。いわば「あいまいな喪失」(ambiguous loss) 体験の連続なのです。ケア「する人」から「される人」への移行も、高齢になると次第に起こってきます。一方、喪失とは逆に、結晶性知能（豊富な経験や知識にもとづいた判断・思考力）やスピリチュアルな発達は生涯、発達し続けるといわれています。

この老人ホームは、仏壇という祈りの対象となるものを通して、魂のケアをしているといえます。特に「家族」や「コミュニティ」のなかでケア「される」ことだけでなく、人のケアを「すること」は、人を人たらしめるための大切な要素となります。

2・職場の人間関係をよくするために

今、働く人のストレスの原因の一位は、「職場の人間関係」です。次に「職務の内容」「職場の労働条件」などが続きます。とりわけ、職場の人間関係は、どこの職場でも大きな課題ではないでしょうか。

次々と襲いかかるストレスにいかにうまく対処していくかは、介護を支える専門職にとって大きな課題です。ここでは職場のストレスを乗り切るためのヒントを紹介したいと思います。

また、最近は「うつの時代」といわれるほどに、うつ病患者が増えています。福祉関連の専門家も「例外」ではありません。ジョン・ホプキンス大学のマッカーシー博士らの調査によると、精神障害と相関する心理社会的要因として、「神経症傾向」「低い自己効力感」「乏しい社会的資源」を挙げています〔2〕。とりわけ社会的支援が低度~中度の患者は、社会的支援の高い患者に比べ、精神障害率が八六%も高い、との報告がなされています。つまり、社会的支援体制を持っている人のほうが、精神障害に罹患するリスクが少なくなるということです。

この結果は、専門家同士のなかでも日頃からお互いがお互いを支える社会的支援体制を持つことの必要性を示唆しているといえます。

〔ヒント1〕三角関係に巻き込まれないこと

悪口を言って近寄ってくる人は、要注意です。というのも、トライアンギュラー・メーカーといって、三角関係を作る名人であることが多いのです。そういう人は、幼い頃から両親の不仲、あるいは家族の対立のなかで育って来た人が多く、ひとりを悪者にすると、誰かととても親密な関係になりやすいのでやめられなくなるのです。ただし、そのターゲットは変わりやすく、いつその矛先が自分のほうに向いてくるかわかりません。今の子どもの間でのいじめ問題の構造も同様のことが言えます。このタイプの人の悪口にはともかく乗らないほうがいいですし、できれば近づかないほうが賢明かもしれません。

［ヒント2］働きやすい職場システム作り――「スーパービジョン体制」の構築

職場で人間関係がうまくいかずストレスが軽減されないと、そのストレスは家庭やその他の人間関係に持ち越されます。「スーパービジョン体制」と「職場の人間関係での不満や負担感」に相関関係がみられたとの調査報告もなされています[3]。つまり「スーパービジョン体制」が整っている職場のほうが、人間関係の不満を早期に発見し、対応が取りやすくなるため、結果として職場の人間関係の負担感が減るのでしょう。

「スーパービジョン体制」は、職員のストレスを減らす有効な手段の一つです。対人援助の仕事をする職業には必要不可欠なコーピング資源として、各職場で早急に樹立していくべき課題といえます。

［ヒント3］専門知識を持つ――専門知識は、自分を守り、サービスの向上を図る

専門知識は、専門家としての自信やアイデンティティだけでなく、仕事からくるストレスを専門的に対処する能力も上げるため、結果的にストレスを軽減し、自分自身を守ることにつながります。利用者の心理的要因、身体的要因、環境要因などを総合的にアセスメントする能力を磨くこと、適切な介護プランと援助プランを立てる能力を磨くことは、ある意味、もっとも有効に専門家自身のストレスを防ぐことにつながるでしょう。

［ヒント4］システムを変えるには、表のリーダーと陰のリーダーをおさえよ

組織やシステムを動かす人は、表に立っているリーダーばかりではありません。その表のリーダーを支える陰のリーダーの存在を見逃してはなりません。陰のリーダーとは、リーダーに最も影響力を与える存在です。組織の変革を図るためには、誰が陰のリーダーであるかを抑えて、その人へのアプローチもしないとシステムは、なかなか変えられません。

3・自分でできるストレス軽減法――コーピング・スキル

次に心理的・身体的・社会的なアプローチ法を、それぞれ簡単にまとめてみます。

A　考え方を変える

［ヒント1］A・エリスによって提唱された「論理療法」（REBT）

「〜すべき」と強く思い込むと、落ち込みやすくなるといわれています。何かに取り組むとき、「〜することに越したことはないが、それがたとえできなくても大丈夫だ」と考え方を変えることでストレスを軽減する方法です。完璧主義の人の背景には、「〜すべき」の非合理的な思い込みが潜んでいます。自分で「べき思考」がないかどうかチェックしてみましょう。

［ヒント2］駄目だと思わない――パンクチュエーション（句読点）を変える

ストレス耐性をつけていくためには、自分（己）を知り、表現し、なりたい自分を創る姿勢が大切です。そのためにもまずは、自己内対話で「あ〜、駄目だ。」で文章を終わらせないことが大切です。自信のない人ほど、いつも心のなかで「〜だから、私は駄目だ。駄目だ。」と「駄目だ」のあとに句点（「。」）を打つことを呪文のように繰り返しています。そのために、駄目でないものまで駄目にしてしまい、ネガティブな自己催眠をかけているようなものです。

「私は駄目だ。」の癖がついている人は、「〜駄目だ、**今は**。」と、句読点をつける練習をしましょう。「**今は**」をつけ足し、その後に句点が打てるようになると、「駄目だ。」の拘束から解放されて、未来が開けてきます。

B　からだからのアプローチ

呼吸法・簡便リラックス法（ため息法）・瞑想法

呼吸法や瞑想法は、今や科学的にメスが入れられた究極のメンタル・コントロール法です。呼吸は、唯一意識的にコントロールできる自律神経系です。深呼吸やため息は、緊張をほどき、心身をリラックスさせます。

瞑想法も、心と体を整える方法として、ハーバード大学医学部のH・ベンソン氏らを筆頭にさまざまな研究がなされており、カウンセラーや対人援助にかかわる人たちのストレス発散とヘルス・プロモーションとして、積極的に取り入れられています。

瞑想は、一回二十分を一日二回くらいできると効果が上がるとされています。

C　ソーシャル・システムへのアプローチ

システムや組織の安定は、現状維持をしようとする力をもたらします。一方、危機的状況になると外部の新しいものを取り込み、危機を乗り越えるべく、変化を起こす力が働きます。ですから、危機的な状況こそ変化をもたらす最大のチャンスになります。危機はチャンスへの変化の入り口です。危機を逆手にとって、新しいシステムを構築していきましょう。解決を構築していく視点に立つと、危機も待ち遠しくなるかもしれません。小さな変化の積み重ねが、大きな変化をもたらします。

［参考文献］

1――志村ゆず、鈴木正典編『写真で見せる回想法』弘文堂、二〇〇四年

2――Melissa, L. McCarthy, et al.(2003) Psychological Distress Associated with Severe Lower-Limb Injury. *The Journal of Bone and Joint Suegery* (85-A: 1689-1697)

3――伊藤嘉余子「児童養護施設職員の職場環境とストレスに関する研究」『社会福祉研究』六七号、二〇〇三年、七〇―八一頁

第4章

地域・コミュニティでの支え方

第1節

薬局を最大限に活用する——良薬たらしめる七ヵ条

介護を必要とする人は、かかりつけのお医者さんがいて薬をもらっていることがほとんどです。その薬を当人ではなくて、家族や介護者が薬局に取りに行くということが多いでしょう。当人の症状を改善ないし悪化させないために薬を飲むことが必要なのですが、家族や介護者がどのように協力していけばいいかについて本節では説明していきます。ポイントを七ヵ条示しましたので、もしポイントをクリアできていたら、読みとばして次のポイントに進んでいただいても構いません。

［ポイント1］薬局に行く前に本人の体の調子を聞いておく

家族が薬を取りに行く場合、たとえ前回と同じ薬をもらうとしても、体調の変化や気になる点がないかどうかについて本人にあらかじめ確認しておきましょう。薬剤師さんは患者さんの服薬管理をおこなう責任があるので、薬を受け取るときに患者さんの様子を尋ねられると思います。薬の効果がきちんと持続しているかどうか、副作用が出ていないか、薬の量や飲み方は適切かなどをチェックしているのです。

家族が薬を受け取る場合

佐々木ハジメさん（仮名）八十三歳は、十二種類の薬を飲んでいます。血圧や心臓の薬から、コレステロールや胃腸薬までさまざまです。飲み方も一日三回毎食後のものから、一日一回だけのものまでいろいろあります。そのほかにも便秘したとき、眠れないときなど、毎日飲まない薬（頓服薬といいます）もあります。ハジメさんは薬をもらうために、病院からもらった処方せんを薬局に持って行かなければなりません。最近少し足の調子が悪いので薬局に行くのが面倒に感じて、一緒に住んでいる息子の太郎さんに頼むようになりました。ハジメさんの薬を受け取るときに、太郎さんは薬剤師さんから本人の様子について尋ねられます（以下※は執筆者の注）。

薬剤師「ハジメさんのご様子はいかがですか」
太郎「はあ、変わりはないと思いますが……」
薬剤師「血圧や胃の調子は順調でしょうか」
太郎「よくわかりません、何も言っていないので問題ないと思いますけど」
※（どんな薬を飲んでいるかを知っておき、体調変化がないかを聞いておく！）
薬剤師「そうですか。家に飲まないで余ってしまっている薬はございますか」
太郎「……」
薬剤師「睡眠薬は眠れないときだけ飲むようになっていますので、もしかしたら飲まないで余っている薬があるかもしれないと思いまして尋ねてみました」

太郎　「あーそうですか。本人にしかわからないです」

※（毎日飲まない薬は余っていないかを調べておく！）

薬剤師　「次回ハジメさんが薬局に来られればいいのですが、来られないときはハジメさんに確認してみてください」

太郎　「わかりました」

太郎さんは頼まれたとおりに薬さえもらってくればいいとしか考えていませんでした。しかし、当人のハジメさんが適切な服薬をおこなうためには薬局での情報交換が必要なのです。

［ポイント2］本人が薬の自己管理をできるかどうかを判断

家族や介護者が本人の代わりにもらってきた薬を渡したとしても、果たして当の本人が自分で薬を管理できるかどうかが問題です。飲むべき薬を切らしていたり、薬があっても飲み忘れたり、薬を取り間違えて飲むということがあれば、体調を維持するための服薬の効果は上がりません。本人が薬の自己管理をできているかどうかを家族や介護者がそれとなく観察し、できていないような場合は薬の管理を手伝う方法を見つけましょう。

7

【コラム】介護をめぐる事件——私ならこう解く

言葉に頼らない介護——老犬の介護から学ぶもの

老いや死は人間だけのものではありません。

今これを読んでいる読者のなかにも、ペットを飼っている方がいるでしょう。特に、犬や猫の場合、一歳は人間の五～七歳に相当するといわれ、大きくなるのも五～七倍早ければ、老いて死んでゆくのも人間の五～七倍早くなります。それだけに、その老いや死のプロセスは、とても痛切でリアルなものに映ります。しかも、彼らは人間のように言葉を話しません。それだけに彼らはとてもプリミティブに、より本質的ともいえる言葉以前のコミュニケーションをおこない、強烈なメッセージを伝えてくるのです。

筆者が実家で飼っていた秋田犬♀の「れん」(二〇〇四年八月二十日永眠、十四歳六ヵ月)の例をご紹介しましょう。

「キューン」。情けない声を聞いて家族が外に出てみると、れんがとても不自然な格好でもがいていました。なんとか立とうとするのですが、脚が思うように動かなくなっていました。以来、れんは、寝たきり老犬となりました。そして家族による、れんの介護が始まったのです。

その数日後、夏休みで帰省した医学生の長男は、れんの身体にできた床ずれを見て驚きました。「こんなんじゃ、駄目やないね!」と、手厳しい介護指導が入りました。床ずれは、病人が発する大きな非言語《ノンバーバル》なメッセージとなります。そこでおこなわれている介護が適切なものであるかどうかを知らせるものになるのです。そこで長男指導のもと、床ずれの薬と介護ベッドならぬエアクッションを用意しての新たな介護が始まりました。床ずれの手当ては技術を要します。骨と肉の間に薬を塗りこんでゆくので、介護される側にとっては、つけ方次第でとても苦痛を伴います。れんの場合もそうでした。床ずれの薬のつけ方が悪いと、「ちゃんとしてよ！」とばかりに「ウーッウーッ」と唸り、噛みつこうとします。でも、上手くいけば「よしよし」とばかりに、じっとおとなしくしていました。れんの反応と介護者の薬のつけ方が、お互いにとって重要なメッセージとなり、メッセージが相互拘束されていくなかで、薬の「つけ方」と「つけられ方」が熟練されていったのです。

家族の必死の介護のかいもあって、れんも安心した表情で元気を取り戻していきました。相変わらず足は立たないものの、動く首から上半身を一生懸命動かします。そんなれんの、あたかも「早く歩けるようになりたいなぁ」と言っているような仕草を見て、家族も「このままよくなる」との思いを抱いていました。

そんな矢先のことでした。突然様子が一変し、れんは家族に見守られ、家族の腕のなかで、十四歳と半年の天寿を全うしました。れんの介護が教えてくれたこと。それは、言葉がなくても介護ができる非言語的な介護の可能性です。

人間は言語《バーバル》としての言葉を、独自かつ複雑に発展させてきました。しかしながら実際は、コミュニケーション上、言語以上に非言語的な側面にとても大きく影響されているのです。二十世紀最大の知の巨人であり、短期・家族療法の父である文化人類学者のG・ベイトソンは、動物、とりわけイルカのコミュニケーション研究に従事し、そこから人間のコミュニケーションについての重要ないくつかの知見を提出しました。そして彼は人類の歴史を見ていると非言語的な言語を捨て去って、言語的な言葉にいたるというよりも、芸術の諸分野で、むしろ非言語的なそれを洗練させてきていることを指摘します。筆者とれんの場合も、介護のなかで、ほんの少し非言語コミュニケーションを洗練できたのだと思います。

「言わないとわからない」、そんなことはないと学びました。人間の場合、加齢とともに、言語能力は変化します。とりわけ「話す」という側面は、老年期にいたり困難になってくるといわれています。人間の介護の場面においても、動物が教えてくれることはまだまだありそうです。

当人と家族の会話例

太郎さんがハジメさんとコミュニケーションを取り、服薬の様子を聞いています。

太郎　「お父さん、最近血圧とか胃の調子はどうなの？」

ハジメ　「まあまあだ。薬を二日ほど切らして飲めなかったんだ」

太郎　「薬を切らす前に、もっと早く病院に行かなくちゃ駄目じゃないか！」

※（ちょっと責め気味かな。責めないでいきさつを聞きましょう）

ハジメ　「……」

太郎　「飲まないで残っている薬とかあるの？」

ハジメ　「えーと、睡眠薬が余っていて、便秘の薬が足らなくなるなあ。昼に飲む薬はよく飲み忘れて少し残っているけど……まあいいや」
太郎「よくないだろ。自分で管理できているのかい？」
ハジメ「ごちゃごちゃしていて、大変なんだ」

太郎さんは、少しイライラしているようです。薬を切らしていたと言っているわりには、薬を入れている空き缶から錠剤やら粉薬やらいろいろな種類の薬が出てきました。どれが何の薬なのかさっぱりわかりません。太郎さんは薬の管理をハジメさんだけに任せておけないなあと感じました。こういう場合は、家族が薬を管理し、一日分、あるいは一回分ずつ本人に渡すようにするとか、仕切りの入ったプラスチックの箱（百円ショップなどで売っています）に日付を書いて薬を分けて入れておくなど、本人と話し合ってみるといいと思います。余っている薬をどうしたらいいかについては次にお話しします。

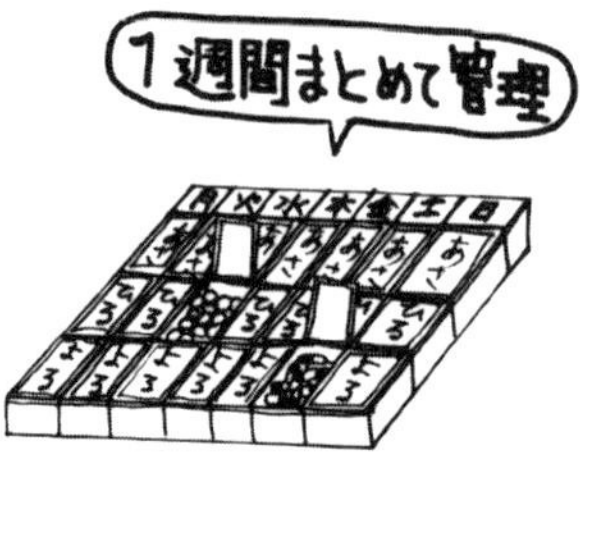

［ポイント3］「お薬の説明書」を活用し、薬剤師に尋ねる

薬局でもらった「お薬の説明書」をとっておきましょう。できたらファイルにとじて保存しておくことをおすすめします。手元に余っている薬が何の薬かわからなくなったとき、調べることができます。その説明書には、薬の写真と飲み方、どういう効果があるのか、起こる可能性がある副作用のことなどもわかりやすく書かれています。

それでもはっきりしない場合は、薬剤師さんに薬をみてもらうのが一番手っ取り早いです。余っている薬については処分すべきか、とっておいてもいいかを判断してもらいましょう。以前出されていた薬を自己判断で飲んでしまうのは危険なことです。お医者さんから出されている薬は、自分で購入できる薬と違って効果が高いので、間違って使うと体によくないこともありますから慎重に扱うことが必要です。

薬剤師に薬を見てもらう

では、以下に太郎さんが薬剤師さんに尋ねた例を示します。

太郎　「すいません。佐々木ハジメの家族のものですが、家に飲まないで余っている薬がこんなにありました。以前にもらった薬のようなのですが、何の薬か調べてもらえますか」

薬剤師　「わかりました。調べますので、少しお待ちください」

※（十分ほど待った後、太郎さんは薬剤師に呼ばれます）

薬剤師　「お待たせいたしました。以前に出されていた胃腸薬と血圧の薬が残っています。今は別の薬を飲んでいますね」

太郎　「そうですか。その薬はどうすればいいですか？」

薬剤師　「残念ですが、処分されたほうがいいです。二年前の薬ですし、間違って飲まれると大変ですから」

太郎　「わかりました。そうします」

薬剤師　「それから、当薬局で出していない薬も混ざっています。目薬や塗り薬、痛み止めの錠剤などです。いつもらったかわかりますか？」

太郎　「はっきりわかりません」

薬剤師　「そうですか。使えるかどうかを確認するために次回お薬手帳を持ってきてくださいますか」

太郎　「お薬手帳？」

薬剤師　「はい。薬局にいらっしゃるたびにお持ちになっている手帳で、もらっている薬の記録です」

［ポイント４］「お薬手帳」を作りましょう

「お薬手帳」は自分がもらった薬の記録です。薬の名前、飲む量や飲み方を薬剤師さんが記載してくれます。実際それらの記録は薬局のコンピューターに保存されていて、プリントアウトして手帳に貼りつけてくれます。それを薬剤師さんが再度確認してハンコを押すシステムをとっている薬局が多いでしょう。薬剤師さんの名前が残るので、薬を説明して渡してくれた人、あるいは相談に乗ってくれた人が誰だったかがわかるのです（近い将来、薬剤師さんを指名できる時代がやってくるともいわれています）。このような記録が日付順にきれいに並んでいきます。もちろん病院や薬局の名前も書かれています。もし、今飲んでいる薬や過去に飲んだことがある薬について何か調べなければならなくなったとき、どんな薬をいつ頃飲んでいて、薬の効果がどうだったか、どの薬で副作用らしきものが出たかなど、手帳を見てひと目でわかるのです。何か気になる点があったときに手帳にメモしておくのもよいでしょう。

「お薬手帳」には、もう一つ大切な役割があります。いつもかかっている病院と違う病院にかかる場合、「お薬手帳」を違う病院のお医者さんに見せましょう。今飲んでいる薬を知ってもらうためです。お医者さんは「お薬手帳」を見れば、かかりつけの病院でどのように診断され治療をおこなっているかがわかるでしょう。そうなれば、診療科の違うお医者さん同士（たとえば、内科と整形外科など）が「お薬手帳」を媒介にして連携しあうことが可能になります。お医者さんそれぞれが患者さんの体の状態を総合的に捉えることができます。何よりも薬を重複して処方することが避けられるのです。たとえば、内科

で頭痛などの痛み止めをもらい、整形外科で関節痛の痛み止めをもらって同時に二種類の痛み止めを飲むことが防げるでしょう。

このように「お薬手帳」を持っていると、治療状況が一目瞭然です。介護を必要とする人は、飲んでいる薬の名前を別の医師にすらすらと話すことが難しいかもしれないので、「お薬手帳」を大いに活用してください。

［ポイント5］「お薬手帳」はひとり一冊だけでいいです！

「お薬手帳」について誤解されがちなことは、薬局につき一冊作るのではなく、ひとり一冊持てばいいということです。たまたま行った薬局で「お薬手帳を持っていらっしゃいますか」と尋ねられることがあると思います。もし、もうすでに別の薬局で作ってもらっている場合は、その手帳に記載してもらってください。複数の病院や薬局にかかっている場合でも、一冊だけ持っていて、常に同じ手帳を持って行きます。そうすれば、より安全な服薬が可能になるのです。なぜならば、投薬する薬剤師さんが手帳を見て、その患者さんの飲んでいるすべての薬を知り、薬同士の重複や飲み合わせの良し悪しをチェックしてくれるからです。

介護を必要とする人は内科と整形外科の両方にかかっていることが多いと思います。たとえば、内科で心臓の薬をもらい、整形外科で筋肉の緊張を取る薬をもらっている例があります。そのほかにも、眼科や耳鼻科などにも通院していることもあるでしょう。そういう場合はかかりつけ薬局を決めて、どの病院から処方せんをもらっても同じ薬局から薬を出してもらうのが理想的です。一つの薬局で患者さんひとりに対して飲んでいる薬のすべてを把握してもらい、服薬管理を任せるのです。必ずしもかかりつけ薬局を病院の隣りにある薬局にする必要はありません。信頼できる薬剤師がいて、自宅から行きやすいところにある薬局なら都合がよいでしょう。

しかし、それが不都合な場合は、それぞれの薬局で薬を渡してくれる薬剤師さんに、今飲んでいるすべての薬をわかってもらってください。一冊だけ持っている「お薬手帳」にすべてが書いてあるので、それをただ見せればいいのです。

［ポイント６］ 薬を重複して飲むと、副作用が起こる危険性

これまでは、「お薬の説明書」や「お薬手帳」を活用し、お医者さんや薬剤師さんと連絡を取りあっていくことが大切だとお話ししました。しかし、万が一お薬を重複して飲んだらどうなるのだろうということについてお知らせします。体によくないということはもちろん想像できますが……。簡単に言えば、副作用が起こる危険性があるのです。具体的に知りたい場合は薬剤師さんに質問してみてください。

薬剤師から薬の知識をもらう

太郎　「同じ効き目の薬を二種類飲むとどうなるんですか」

薬剤師　「効き目が出すぎてしまう危険性があります。たとえば、血圧の薬であれば、血圧が下がりすぎるということが起こるかもしれません」※（過ぎたるは及ばざるが如し！）

太郎　「血圧が下がりすぎるとどうなるんですか」

薬剤師　「低血圧になって、体がふらふらしたりする可能性があります」

太郎　「じゃあ、痛み止めの場合はどうなんですか。あっちの病院とこっちの病院でそれぞれ違う痛み止めが出されてしまい、飲んでしまった場合です」

薬剤師　「二種類も飲んでしまうと、副作用が出る危険性がありますよ」

太郎　「えー、副作用ですか。いやだなあ。どんな副作用ですか」

薬剤師　「痛み止めをたくさん飲むと胃に負担がかかって、胃がムカムカしたり、ときには胃が痛くなったりすることもあります」

太郎　「痛み止めを飲んだのに、痛くなるなんて大変ですよね」

薬剤師　「それは大変です。だからお薬の重複は避けなければなりません」

介護を必要とする人の家族や介護者はこういった薬の知識が少しあるとよいと思います。薬の管理を協力していくためには薬の危険性についても最低限知っておくと役立つでしょう。

［ポイント7］薬の作用に影響を及ぼす食べ物を知っておく

薬の作用に影響を及ぼす食べ物があります。家族や介護者はそれらを知っておく必要があります。ただし食べ物によってすべての薬が影響を受けるわけではありません。一部の限られた薬なのですが、よく処方される薬も含まれますので気をつけたいものです。薬に影響を及ぼす食べ物に関する情報は「お薬の説明書」に書かれています。あるいは薬剤師さんが直接教えてくれます。しかし、一、二度説明すれば理解したと考え、それ以降は説明されません。そこで、食事を準備する介護者や家族にはぜひ覚えておくことをお

表1：薬と食べ物の相互作用

食べ物と嗜好品	薬	相互作用
グレープフルーツ	一部の血圧の薬	作用が強まる
魚	一部の結核の薬	紅潮、発汗、悪心
牛乳	一部の抗生物質	作用が弱まる
	一部の水虫の薬	作用が強まる
納豆	血を固まりにくくする薬	作用が弱まる
焼肉	一部のぜんそくの薬	作用が弱まる
チーズ	一部の結核の薬	血圧が上がる
コーヒー、紅茶	一部のぜんそくの薬	副作用が強まる
お酒	睡眠薬、一部の抗うつ薬	作用が強まる

すすめします。

表1に主なものを示したとおり、たとえば血圧の薬のなかには、グレープフルーツと一緒に取ると薬の作用が強くなってしまうものがあります。あるいは血を固まりにくくする薬を飲んでいる人は納豆を食べないように言われるでしょう。牛乳、コーヒー、紅茶とは一緒に飲まないという薬や、お酒と一緒に飲むことを絶対に避けたい薬もありますので、参考にしてください。もし、現在飲んでいる薬に影響を及ぼす食べ物についてよくわからないという人がいたら、「お薬の説明書」で確認し、さらに薬剤師さんにも尋ねてみてください。

薬剤師さんのうまい活用を

介護を必要とする人の服薬をどのように助けていくかについて述べてきました。薬を飲むことが健康を維持していくうえで大切なときがあります。余分な薬を飲んだり、必要な薬を飲み忘れたりすれば、薬の効果はうまく表われません。必要な薬だけを副作用、相互作用なしに安全に飲むということが薬を最大限に活用することになります。

最近は医薬分業が進んで、お医者さんと薬剤師さんが別々の場所で仕事をしています。病院と薬局で二度会計をしなければいけないのは大変だとは思いますが、薬剤師さんはお医者さんが処方した薬の量や飲み方をチェックしていますので、薬局で薬を受け取るほうがより安全に薬を飲むことにつながります。また、お医者さんに尋ね忘れたことや尋ねづらかったことなど、薬剤師さんに話してみてください。市販の薬やビタミン剤などを飲んでいる場合は、飲み合わせが大丈夫かを聞いてみるといいでしょう。

かかりつけの薬局では、自分の飲んだ薬の歴史が記録されています。どんな薬が自分に合って効果的だったとか、万が一副作用が出たとしたらその薬は何だったのかというデータが薬局で保存されているわけです。薬剤師さんが患者さんとコミュニケーションをとったことがベースとなり、記録が作られていくのです。太郎さんのようにハジメさんという高齢の親を介護する状況にあるなら、かかりつけの薬局を作って家族が薬剤師さんと連携していくことがきっと介護の助けになるでしょう。薬を飲むことが不安なとき、疑問に思う点があれば薬剤師さんに気軽に相談することができます。最近になって、薬剤師さんが家を訪問してお薬を渡しながら相談に乗ってくれるシステムを始めている薬局もあります。今後は薬剤師さんの力が大いに期待できそうです。

高齢者のグループワーク

心理療法やケアにかかわる高齢者のグループワークとしては、「回想法」や「リアリティ・オリエンテーション」などの方法によるグループがありますが[1]、ここでは筆者らが「解決志向ケア」（SFC）の考え方を利用しておこなった「黒字報告会」の試みについて述べたいと思います[2]。

ここに紹介するグループは、筆者がはじめて「黒字報告会」を導入したときのグループで、グループの参加者は、自治体の疫学調査によって、「認知症疑い」と判定された高齢者でした。これは、国際的な認知症の臨床評価尺度に基づく判定で、同じ判定法による「正常」の高齢者に比べてその後に認知症となる確率がかなり高いとされている人たちです[3]。つまり臨床的には明らかに正常でも認知症でもない中間群に相当します。このような高齢者の実際の状態としては、軽度ながら一貫した記憶力の低下と軽度の社会的活動性の低下によって特徴づけられます。

セッションは、臨床心理士と保健師によって毎週一回、午前中の約一時間半、六ヵ月間にわたってデイケアとして実施されました。参加者は三つのグループに分けられ、各グループは五〜七人のスモール・グループを構成し、それぞれにスタッフがファシリテーターとして付きました。

セッションは、参加者の臨床的な障害の特徴に対応して、構造化された方法で知的な刺激を与えることと対人的な交流を促進することに焦点があてられました。前半の約三十分間、毎回「黒字報告会」をおこないました。その後、休憩をはさんで後半の約一時間は「リアリティ・オリエンテーション」の考え方による創作活動などのグループワークをおこないました[4]。

黒字日記

参加者に、次のセッションまでの一週間の間に何か「良いこと」が起きたとき、それを忘れないようにメモしておく課題を出しました。その「良いこと」を家計簿の「黒字」にたとえて、それを「黒字日記」と呼びました。また、セッションでその参加者の一週間の黒字をグループで発表してもらい、「黒字報告会」と命名しました。この黒字課題は、参加者の日常により積極的な関心をもたせようとするものです。社会的な活動において後退傾向のある認知症疑いの高齢者にとって、日常生活のなかで心理的に肯定的な材料を探すこと、そして、それを発見して、みんなの前で発表することは有意義なことであろうと思われました。

「黒字日記」を書いてきてもらう意図は、第一に、参加者の健忘を補う意味で、発表のためには書いたものが必要であると思ったからです。また日記には、週一回のセッションの知的、社会的な刺激をより普段の生活に拡大するための自宅での「宿題」という意味もありました。

良いことに「黒字」という表現を用いたのは、故小野直広教授です。「良いこと探し」の課題を、小野は「黒字ノート」と名づけました[5]。黒字と命名した理由を小野は、「家計簿に〈収入〉(黒字)だけを記載して、〈支出〉(赤字)はいっさいのせないこと、と説明するとわかりやすいから」と述べています[6]。さらに、小野はその効果をこう説明しています。「これは、意外な効果をあげることができます。ただ、いままで見過ごしてきたことに、気づくだけではありません。不思議にも、クライエントたちは、あらたな〈黒字〉を生産しはじめるのです」と[6]。そして、暗示という観点を示唆しながら、探し始めると自分のいたところが違って見えてくることの比喩として、山菜やきのこ狩りの体験を挙げています。

黒字報告会

実際に黒字報告会でどのような内容が報告されたのか、黒字日記に書いてきたもののなかから、いくつかのケースを紹介したいと思います。

【事例1】――認知症の最初期不安の強かった妙子さん

七十六歳の女性。医師の問診で数年前からの物忘れ、被害妄想、社会性の低下が指摘されていました。不安感が強く、記憶障害を中心とする自身の知的低下を自覚したため、アルツハイマー病の最初期不安と思われました。

妙子さんは、もともと気さくな性格の人で、初回のセッションでは、ほかの参加者に自ら話しかけていました。よく笑顔も見られ、楽しそうにしていましたが、一方で落ち着きがなく、その都度説明しないと何をすべきなのかを理解できない様子でした。

デイケアへの参加当初の黒字日記は「黒字」ではなく、まったくの「赤字」で、きわめて強い抑うつ感、不安感が表わされていました。

「今日友達が遊びに来てくれたことがうれしかった。近頃病気のせいか気持ちがおもくて死にたくなるようだ。神様たすけてください。かんがえてもどうしてこんな体になったのかわからない。前の私はにぎやかなことがすきだったのに」

その後、不穏な状態は徐々に改善していきました。約二ヵ月後、セッションのスタッフのひとりである保健師が家庭を訪問して、家族から家での妙子さんの様子を聞きました。

「通帳がない、財布がないというのが一時ひどかったが、聞かれなくなった。書いていること（書道）が多くなり、ぼんやりしている時間は減った。買い物は面倒になったようで今は全然しない。一年前は病院に行くたびにしていたが。〇〇商店の奥さんからも〈さっぱり見えない〉と言われた」。その後、記憶障害にはあまり変化がありませんでしたが、行動面での不穏な様子はなくなってゆきました。そして、セッション開始から約三ヵ月後の黒字日記は次のようなものでした。一部を示しましょう。

「△月の生け花はとても珍しく面白く思いました。まだ家でいけております。毎日水を取りかえて机の上にかざり毎日見るのがたのしみです。

毎日あつくて外出もいやになり朝早くおき、一時間歩きます。朝ごはんをたべ、部屋に入り昔読んだ本をみつけて毎日読んでいるので一日が楽しくなりました。頭のたいそうになります。時々は午後お友達のところに行きお茶をごちそうになり、おはなしなどしてかえる。とても気持ちよく晴ればれします。近頃たのしくなるのがたくさんできたような気がします」。

情緒面の評価の一つとして、プログラム参加の前後で不安尺度のＳＴＡＩ[7]をおこないましたが、妙子さんの点数は参加前は**51**と高不安状態でしたが、終了後は**39**と通常のレベルに改善されました。

【事例２】――独立不羈の人、三郎さん

八十七歳の男性。三郎さんは最高齢の参加者のひとりでした。もともと行動的なタイプの人で、教育水準も高く、独立不羈といった面持ちでした。

はじめの頃の黒字日記は、短いメモの個条書きでした。

「町議会議員選挙・実弟夫婦で来宅・孫の高校、大学入学」。黒字報告会では、これらおのおの話題について楽しそうに話していました。

その後は、次第に黒字日記に記載される量が増えてゆきました。約二ヵ月後の黒字日記の一部を示してみます。

「地区の仲間からもらったチャボ、二十一日目にひよこが孵《かえ》って元気に飛び廻っている。朝晩の餌やりも楽しみの一つ。

春先植え付けたトマト。ようやく一つ二つ色がつき始め今年は消毒したせいか出来がよい様だ。

二、三年来なかったフクロウが、二、三日前から裏山で鳴き始めた。奥山に餌でもなくなったのか、なつかしいひと時である」。

この頃、家族への聞き取りで、三郎さんがセッションのことを家族にほとんど話していないことが判明しました。三郎さんは、このプログラムへの参加にかぎらず、ふだん自分の行動を同居している家族にほとんど話していなかったのです。いかにも独立自尊といった印象の三郎さんらしいエピソードです。しかし、黒字日記には、子どもたちのことなど家族のことがよく取り上げられていましたし、また、きわめて率直に自身の気持ちを表わしてもいました。

約半年間のプログラムが終わる頃、町が主催する敬老の日の祝賀会に三郎さんは出席しました。そのことを黒字日記に書いています。祝い金をもらったことなどが「誠に有難かった」。そして、「これもみなさんのお蔭様で健康は何よりの宝だとつくづく思われた」と記しています。

プログラムの終了後のアンケートで、「参加してよかった事は?」という質問に、三郎さんは「みなさんと顔を合わせることがたのしみ」と、また「今後も続けていきたいことは?」との質問には、セッションをおこなっていた保健センターに「たまに行きたい」と答えています。

なお、三郎さんのSTAIもはじめは56と高かったのですが、参加後は40へと大きく改善されました。

【事例 3】――農家のおばあさん、栄子さん

八十三歳の女性。典型的な農家のおばあさんです。「最初のうちはあまり気がすすまなかった」が、だんだん「みんなに会ってお話することが楽しくなりました」と言っています。

初めの頃の黒字日記の一部を示しましょう。

「毎日毎日天気が良くて私達にとって太陽大切ですね。温かいと体のほうも痛みもやわらいで一日中いいです」

つぎは、翌月の黒字日記からです。

「此の頃お天気が毎日良くて梅干しのほうも干した梅も見事にかわいたので、しそといっしょにもみ合わせて漬けました。色もよくできあがったようです。お天気がよいのは暑いけど、その仕事によっていい事もあるんですね」

さらに、三ヵ月後の黒字日記では、セッションでおこなった生け花のことを書いています。花は各自に持ってきてもらったものです。また、生け花の先生は、やはり認知症疑いの人でした。

「生花の作り方でたのしくうつくしくきれいに出来てうれしかったです。みんなで花を持ちより、色々なお花あるんですね。……家に持ってきて茶の間のテーブル上に置いたら、むすこが夕方家の中に入って来て、今日ばあさんが作ってきたのと云われて、いいねえとほめられました。うれしかったです」

そして、夏も終わる頃の黒字日記からはこんな文章があります。

「毎日お天気つづきで農家の人たちも稲刈もはかどっています。私の家では△月△日に全部終りました。……家でお米は一人当り八俵取れたそうです」

黒字は出来事の列挙という感じでしたが、スタッフの当初の予想を裏切る（！）毎回比較的長い文章の黒字日記で、栄子さんの日頃の家庭での様子が想像できるような内容でした。セッションのなかで一度「黒字スクラップ」（一週間の新聞記事でよいと思った記事を切り抜いてくるというもの）の話をしたところ、栄子さんは以降自主的にスクラップの束を持って来るようになりました。貼られた新聞記事は老人や農業に関するものなどで、栄子さんの関心の対象がうかがわれました。
栄子さんのSTAIも、はじめは47とやや高めでしたが、終了時には36と平常レベルになりました。

黒字報告会から理解されたこと

グループワークは楽しいものでなければなりません。そして、参加者間の相互交流が促進され、できれば参加者がエンパワーメントされることが望ましいでしょう。これらの点で、高齢者のグループワークとして、黒字報告会は有効な方法の一つであると思われました。参加者の反応は、はじめに筆者らスタッフが考えていた以上に積極的なものでした。参加者の黒字報告（黒字日記）の内容に、むしろスタッフが感心させられることも多くありました。このように認知症のある対象者のさまざまな潜在的な能力を発見することは、相互交流としての心理的援助の不可欠の要素ともいえるものです[8]。

参加者に「この一週間でどんな良いことがありましたか。思い出してください」と聞いても、なかなか良いことは出てきにくいものです。このような回想形式では、むしろ悪かったことのほうが出てきやすいのです。特に境界群の高齢者では、軽い知的低下から気分的にも低下している場合も多くあります。仮に現在の気分が抑うつ的であれば、過去は全体的に暗いものとして想起されやすくなります。

一方、一週間の観察課題の場合、焦点は現在から未来にあります。未来は未知であるので、新しく期待、希望を持ちやすいのでしょう。そして、検査や問診によって明らかな記憶低下があっても、軽度の認知症までなら、一週間間隔のなんらかのよいエピソードの報告が可能であることを、この黒字報告を通して新たに認識させられました。このことは、初期の認知症高齢者の人たちがなお、物語の主人公として自身のライフストーリーを主体的に創造し得ることを示すものでしょう[9]。

実践上の留意点——黒字が出ない？

「黒字報告会」の話をすると必ずスタッフから出る質問が、「もし、黒字が出なかったら、どうしたらいいんですか」という質問です。もっともな質問であり、黒字にかかわる最初の疑問でもあるでしょう。以下に、この点について少し述べておきます。

［ポイント1］待つ

黒字が出ない、あるいは赤字が語られる、ということに対しては、聞き手が赤字にこだわらず、いわば赤字をふくらまさなければよい、というのが「解決志向ケア」（ＳＦＣ）の基本的な立場ではないかと思われます。ミラクル・クエスチョンに対して、クライエントは「わからない」と答えることが多いとバーグとドランは述べています[10]。しかし、これは新しい考えが言葉になる前の反応なので、セラピストはあまり心配せず待てばよい、と指摘しています。「黒字」が出ないことに対しても同様のことがいえるように思われます。スタッフは心配しすぎないで、相手のことを尊重することが大切でしょう。

しかし、これだけでは、そもそも心配して上記のような質問をした質問者に対して不親切なので、もう少し述べておきましょう。

［ポイント2］まず、スタッフが信じる

スタッフがまず「例外」（黒字）はある、と信じているかどうかが問題です。E・ジョージらは、解決志向アプローチ（SFA）の面接について次のように述べています［11］。これはそのまま黒字グループのスタッフにも応用できることでしょう。「セラピストは、変化の必然性を信じなければならない。これは、問題がいつまでもあるとしても、セラピストには次のような質問ができることを意味する。〈事態が悪化しないようにあなたは何をしているのですか〉と。それはどんな困難な状況であっても、クライエントがしていることのなかには彼らにとって良いことがいつも何かはある、という確信を示している。セラピストがこの確信を揺るがし、問題に焦点をあてた会話を長引かせると、セラピストとクライエントは同様に沈み始めセッションの変化はなくなってしまう」。

［ポイント3］小さな黒字を見つける

参加者のなかには、黒字を普段はしない外出やめずらしい来客など、特別な出来事として受け取る場合があります。すると、何も特別なことはなかったので、黒字はなかったという報告になります。しかし、「例外探し」から自明なように、黒字はまさに日常のなかに発見されるべきものです。小野は、変化はむしろ小さいものでなければならない、「例外」は虫メガネを使ってでも探すと述べて、細部へ注目することの重要性を指摘しています［6］。実際に黒字報告会をおこなうと、すぐに黒字の達人が登場するのですが、それは小さな黒字を発見する能力を示しています。

ここで紹介したグループでのある達人（おばあさん）の黒字報告は、たとえば、「定期的に病院にいく途中の車の窓から見える路傍の花のこと」や「一見不良風の男子生徒が電車のなかで席を譲ってくれた」などというものでした。

［ポイント４］賞賛

賞賛は、「解決志向アプローチ」（SFA）の重要な要素でしょう。E・ジョージらはこう述べています[11]。「さて、クライエントが特に悲観的で、問題に焦点を当てているとき、われわれはどうすべきなのであろうか。こんな場合にこそ、賞賛の重要性が発揮される。つまり、問題に関してにせよ彼らの人生全般にせよ、クライエントにとって良いことであるなら何でも認めることである」。

そして、仮に問題が語られるとしても、そうであればあれるほどに、私たちはその参加者を賞賛することができるということは強調しなければなりません。それは、「それでも、よくこの会に出てこられましたねえ。どうやって、そうできたんですか？」という驚きと賞賛を含んだ質問です。すでに参加者が黒字報告会に来ている！という事実は、すでにその人が達成している「黒字」なのです。そして、そう質問するスタッフは、次のような態度を示していることでしょう。「眉毛を上げ、声の調子を変えて、目を大きく見開き、情報を聞き落とさないように体を前に倒すことなどから、クライエントは、あなたが彼らの勇気や不屈の精神、印象的な功績をたたえていることを感じ取ります」[10]。

［参考文献］

1――石﨑淳一「高齢者に対する心理的援助」下仲順子、中里克治編『高齢者心理学』建帛社、二〇〇四年

2――石﨑淳一、大江恭子、木村悦子ほか「〈黒字報告会〉の試み――最軽度痴呆高齢者のグループワーク」『臨床心理学』一巻四号、二〇〇一年

3――大江恭子、木村悦子、土屋恵美子ほか「〈痴呆疑い〉高齢者へのデイケア的心理介入の試み――ＣＤＲの考え方の重要性について」『第二十二回全国地域保健婦学術研究会講演集』二〇〇〇年

4――Ishizaki, J., Meguro, K., Ohe, K., et al.(2002) Therapeutic psychosocial intervention for elderly subjects with very mild Alzheimer's disease in a community; the Tajiri project. *Alzheimer Disease and Associated Disorders*, 16, 261-269

5――Ｓ・ド・シェーザー著／小野直広訳『短期療法――解決の鍵』誠信書房、一九八五年

6――小野直広『こころの相談――カウンセリングを超える新技法』日総研出版、一九九五年

7――中里克治、水口公信「新しい不安尺度ＳＴＡＩ――日本版の作成」『心身医学』二二巻、一九八二年、一〇七―一一二頁

8――Ishizaki, J., Meguro, K., Yambe, Y. et al.(2000) The effects of group work therapy in patients with Alzheimer's disease. *International Journal of Geriatric Psychiatry*, 15, 532-535

9――Ｓ・ベンソン編／稲谷ふみ枝、石﨑淳一監訳『パーソンセンタード・ケア』クリエイツかもがわ、二〇〇七年

10――Ｉ・Ｋ・バーグ＆Ｙ・ドラン著／長谷川啓三監訳『解決の物語――希望がふくらむ臨床事例集』金剛出版、二〇〇三年

11――Ｅ・ジョージ、Ｃ・アイブソン、Ｈ・ラトナー著／長谷川啓三ほか訳『短期療法の展開――問題から解決へ』誠信書房、一九九七年、一四頁

第3節

介護保険の隙間を埋めるサービス

「介護保険制度」が始まったことにより、サービス提供事業所が増え、サービスを利用する人たちも多くなりました。しかし、「介護保険制度」によるサービスは、その種類や量、時間などにおいて制限があり、それだけで介護問題がすべて解決するというものではありません。そこで、介護保険でまかなわれない部分をカバーしている取り組みが各地でおこなわれています。介護負担を少なくするためにはいろいろなサービスを上手に組み合わせて利用することが必要になってきます。ここでは、そうした先駆的な取り組み紹介していくなかで、地域における社会資源の活用の仕方や、介護者、介護家庭と地域との相互作用について検討していきます。

徘徊も「SOSネットワーク」で安心

認知症の高齢者のなかには、「徘徊」と呼ばれる行動を取ることがあります。

周りの者には、何の目的もなく歩き回っているように見えるのですが、本人にはそれなりの理由があるのです。たとえば、次のようなことが考えられます。庭に水をまこうと外に出たものの、何をしに外に出たのか、あるいは水まきの用具を準備しようとしたのだけれど、どこにあるのかわからなくなったりして、ウロウロするという場合。現在の自分の状況を認識できず、自分がまだ現役であると錯誤して、仕事に出かけてしまったり仕事をしているつもりでウロウロしてしまう場合。自分がいるところを自宅と認知できないために、自宅にいながら「家に帰ります」「家に帰らせてください」と言って出て行く場合。

このように、問題行動とされる徘徊にはその人なりの理由があり、さらに同じ人でも認知症の進行状況によって変化していきます。したがって、徘徊を無理にやめることはかえって混乱を招く恐れがあるのです。できれば、出かけた理由に沿って一緒に出かけて、季節のことや家のことなどを話しかけたり、公園などで少し休んだりして、気が晴れたら自宅に帰るよう促して戻るというのが理想的ですが、いつもそうできるわけではありません。また、いつ出かけるかと介護者が絶えず気にかけていることは、ストレスがたまることでしょう。

そこで、安全面や健康面に注意しながら徘徊を認めてあげながら、自宅に無事に帰れるようなネットワークを作ることが始められています。福祉事務所や保健所、保健センター、地域包括支援センター、在宅介護支援センター、警察署、消防署などの公的機関のほかに、バスやタクシー会社、コンビニやスーパー、ガソリンスタンドなどが連携して早期の発見、保護、そして家族への連絡をおこなおうという取り組みです。

SOSネットワークの事務局では、徘徊の恐れのある人たちの情報を家族やグループホームなどの高齢者施設から受け付けます。名前や身体的な特徴、顔写真などの情報が保管されていて、「行方がわからなくなった」と連絡が入るやいなや、行方不明になった人の情報をネットワークを組んでいるところに、ファックスやメールで流して捜索を依頼します。その情報を受けて、たとえばタクシーの運転手が徘徊している人を見つけたとしたら、「○○さん、どちらまでお出かけですか」と声をかけて、タクシーに乗せて会社まで連れてきます。それと同時に、事務局に連絡して家族にタクシー会社まで迎えに来てもらうようにします。道端やスーパー、コンビニなどで見かけたときにも、「○○さん、ちょっとお茶飲んで休んでいかない?」と声をかけると同時に、事務局に連絡するのです。迎えが来るまで、そこで保護することになります。

元気に出かけていっても、途中で体調を崩すことがあったり、危険な場所がわからずに入っていってしまったりすることがあります。そこで、地域全体で認知症高齢者の生命や安全を守ることが必要になってくるのです。

これは、介護保険制度だけでは支えきれないことです。こういった「SOSネットワーク」の取り組みによって、徘徊する高齢者が行方不明になったり、事故に遭ったりすることを未然に防ぐことができるとともに、地域のなかに認知症高齢者に対する理解が深まっていくのです。

高齢者の自宅や能力を生かしたデイサービス

「デイサービス」といえば、ふつうは各家庭から施設に行って、食事や入浴、レクリエーションなどのサービスを受けることをいいますが、逆に施設から民家におこなって「デイサービス」を提供する試みをしているところがあります。

ひとり暮らしの人が特別養護老人ホームに入居すると、自宅が空き家になってしまいます。そこに目をつけたのが始まりです。施設というスペースでの過ごし方と民家での過ごし方ではおのずと変わってきます。そこで、施設から民家に送迎をして、日中そこで生活をするのです。自分がこの家の主だという自覚が出てきて、自分から進んで掃除をし始めたり、若い職員を孫のように思っていろいろと指示したりします。それに「ハイ、ハイ」としたがうのが職員の「職務」になってしまったりするのです。こうなると、施設のなかでの職員と高齢者の立場や関係が逆転してしまいます。

昼間だけの「デイサービス」のつもりで始めたものの、昼間の居心地がよければよいほど、夕方にその家を出て施設に帰ってくるということが不自然に感じられて、夜泊まってしまう場合も出てきました。でも、これは制度的には許されていないことなので、「外泊」という名目でやっているにすぎないことになるのです。

地域の空き家を借りて、そこでデイサービスをしていると、近くの住民の人たちがのぞきに来たり、手伝いしに来たりし始めます。さらに、お嫁さんとうまくいっていないおばあちゃんが愚痴をこぼしにやってきたり、自宅で介護している人が相談にやってきたりして、地域のサロン的場所と化し始めるのです。

一方、子どものデイサービス（乳幼児の託児所や学齢児の学童保育）と高齢者のデイサービスを一緒にしておこなっているところもあります。ぐずる赤ちゃんを昔取った杵柄で、上手にあやしている高齢者や、ふくよかな高齢者のおなかの上で気持ちよく昼寝をしている赤ちゃん、小学生の書き取りを見てあげている高齢者や、子どもの本読みを聞いてカードに「じょうずだねぇ」と褒めながらシールを貼る高齢者、おやつのときにふざける子どもに「こらっ」と叱って行儀を教える高齢者、庭で竹馬の乗り方を教える高齢者など、さまざまなかかわりの光景が繰り広げられています。

今までお世話をされるだけの高齢者が、お世話をする側に再び回ることによって「もう、駄目だ。」が口癖の高齢者が自分のことを自分でやるようになったり、排泄の失敗を繰り返していた高齢者がひとりで失敗せずにトイレに行けるようになったりするのです。自宅に帰ってからも、家族との会話も乏しくなっていた高齢者が話をするようになったりという波及効果ももたらされているのです。

電話一本で状況が変わる?!

介護に直接かかわる必要がないときには、介護に関するさまざまな情報を積極的に入手しようとは思わないものです。介護の必要性が生まれてはじめて、慌ててしまうことが多いのではないでしょうか。また、介護をする生活になった場合、外出もままならなくなります。そのようなときに重宝するのが電話での相談です。

高齢者の介護を家族の誰かが担うことによって、それまでは表面化しなかった生活のなかでの考え方や対応のあり方などについて、兄弟間や親戚間で顕著な差異を生み出すこととなり、結果的に葛藤や対立、孤立などにつながる場合が往々にしてあります。たとえば、次のような場合が考えられます。

【事例】

脳梗塞で倒れた姑を介護しているお嫁さんが、医師からの指示を受けて、高血圧にならないように塩分を控えめにしようと、これまでの濃いめの味付けを見直し、味付けを工夫して調理をします。しかし、姑は物足りなく感じて、醤油をたっぷりかけて食べようとします。お嫁さんが、「そんなにお醤油をかけると、また病気になってしまいますよ」と、たしなめます。しかし、体にいいとわかっていても、たまにはそういう制約に縛られずに食べたいと思うこともあり、姑がたまたま同居していない娘たちに、「嫁は好きなものも食べさせてくれないんだよ」と、もらしてしまいます。すると、「今のお母さんにとって、食べることは一番の楽しみなのに、それを取り上げてしまうとは何事か！」「病人相手に意地悪をするとは、なんて鬼嫁なの！」などと、姑の愚痴を本気にして捉え、お嫁さんに意見することになったりします。お嫁さんは夫に相談しますが、巻き込まれたくない事なかれ主義の夫はお嫁さんの話をふんふんと聞くものの自分の姉妹たちに事情を説明しようとはしません。そんな話が何度か続くと、「好きなように食べさせたらいいじゃないか」と言い出す始末。お嫁さんは、誰にもわかってもらえない、私の介護の仕方は間違っているのだろうか、どうすればいいのだろうと悩み出し、ストレスはたまる一方になるのです。

このようなときに、電話相談を活用してみることで新たな道を開くことができます。電話相談は、わざわざ相談機関に訪ねていかなくても相談できる、相談したいと思ったときにすぐに相談することができる、名前を名乗らなくてもいいし、顔を合わせることをしなくても相談できる、という利便性を持っています。特に、緊張に満ちあふれたときや危機的な状況に陥っているときに、その威力が発揮されるといわれています。電話相談員は、受容的に話に耳を傾けてくれ、電話をかけた相手に安心感を与えて、話を促したりその内容を整理したり確認したりして聞いてくれます。これまで、じっくりと時間を取って自分の話を聞いてもらうことがなかった相談者にとっては、自分自身を受け止めてもらえる場でもあります。

これまでの電話相談では、電話をかけた相談者が自分の悩みを単に聞いてもらえばよく、したがってともかく話を聞いてあげることが大事であり、相談員が意見を述べることや、電話をかけた相談者がこだわる事柄への説明を延々とすることは好まれず、その事柄に対するアドバイスのようなことはすべきではないといわれています。しかし、電話相談にも解決志向ケアを適用することが試みられています。

先の**【事例】**のお嫁さんが、電話をかけて相談員に状況を話したとします。それに対して、相談員はまず「そうですか。それは大変ですね。そんな状況のなかでもよくやってこられましたね。そして、そういうふうに、きちんと説明できるということは、すばらしいことですね」とこれまでの苦労をねぎらったり、褒めたりします。これを「解決志向ケア」では、「コンプリメント」といいます。「コンプリメント」とは、無理に褒め言葉を考えるのではなく、褒められる部分を探し出し、相手に伝えることです。相手のやっていることや考えていることなどに対して、「それは、すばらしいですね」「ああ、すごい！」というように、評価し、賛同することです。「へえ」とか「なるほど」といった相づちも、言うタイミングによっては「コンプリメント」になり得ます。また、敬意を表わしたり、労をねぎらったりという形をとることもあります。緊張状態で不安を感じながら電話をかけた相談者にとって「コンプリメント」は、揺れていた状態を落ち着かせるとともに勇気を与えるものとなるでしょう。

ひとしきり、どういう相談か、どのような状況に悩んでいるのかについて話すと、「こんな毎日でどうしていいか困っているんです。どうしたらいいのでしょうか……」というように一息つきます。そうしたら次に、ゴールについての話し合いをします。たとえば、「だいたい、お話はわかりました。そうしますと、何がどうなるとよろしいでしょうか」という聞き方がよく使われます。あるいは「今日、電話をおいたときに、どうなっていたら、電話をした甲斐があったと思われるでしょうか」というのもあります。これは、相談者が話すことだけを聞いていると、次から次へと嫌な思いをしたエピソードが語られたり、姑について話していたのが小姑になったり夫になったりして、問題が焦点化されずに漫然と話し続けるということを予防するとともに、過去の話を必要最小限にとどめて、未来の方向の話へと持っていくものです。

また、話を聞くにあたっても積極的な傾聴がおこなわれます。たとえば「もう私、うつなんです」といった相談者の言葉に対して「最近、落ち込むことが多いんですね」とか、「料理も作りたくない」に対しては「料理を作りたくないと思うことがあるんですね」と返していくことです。そうすることによって、落ち込んでいないときや、楽しく料理を作っているときのことが「例外」として見えてきます。そして、そういうことができている自分の力に気づくことでしょう。危機的状況にある人は助けてくれる人も社会資源もないと思っていることが多いものです。しかし、このようなやり方で、相談者の状況を吟味してみると、本人が忘れていた資源で、問題の解決に重要な資源を見つけ出せることがあるのです。

このようなことは、専門の電話相談でなければならない、というわけではありません。母親はよく娘に電話をかけるものです。特に夫や舅、姑を介護している場合は、その電話のなかでつい愚痴をこぼしてしまうことがあります。娘は「ああ、また始まった」と思いながら、ふだん介護をしていない負い目から、むげにもできず、ふんふんと聞きます。粘り強く聞いてあげているにもかかわらず、話はなかなか終わらず嫌気がさしてきます。このようなとき、ぜひ「解決志向ケア」の聞き方をしてみてください。これまでの電話でのやりとりとは違ったものになることでしょう。

また、介護に関する相談と一口で言っても、介護の仕方や介護保険についての不安や疑問、介護用品や住宅改修についての相談、そのほか年金や税金などの手続きの仕方についてなど多岐にわたります。全国には、シルバー一一〇番とも呼ばれる高齢者総合相談センターが設置されています。高齢者とその家族が抱える介護をはじめとして、家庭内の問題、法律、年金など生活全般に対する相談に無料で応じてくれます。在宅介護支援センターでは、在宅介護に関する相談を無料で二十四時間体制で受け付けてくれます。相談だけでなく、福祉用具の紹介や各種の福祉サービスが円滑に利用できるように、行政機関や介護サービス提供事業所などへの連絡や調整もおこなってくれます。そのほかにも暮らしの相談センターや、ＮＰＯ団体などの民間の電話相談サービスをおこなっています。電話相談の要素として、適切な情報を提供することが挙げられます。情報を得ることによって見通しが立ち、目の前が明るくなることもあるでしょう。地域の社会資源を活用できるように相談者と社会環境を結びつけていくことも重要なことなのです。

経験者だからわかりあえる

初めて介護する人にとってはわからないことだらけであっても、一度介護を経験した人は、じつにさまざまな情報やノウハウを持っているものです。そして、自分が経験をしたからこそ、今介護で困っている人たちを放っておけない、今苦労している人のちょっとでも手助けになれれば、となんらかの形で貢献していきたいと思っています。それを組織化して活動しているところがあります。介護で悩む家庭に介護の経験者をボランティアとして派遣して、介護保険でヘルパーがおこなう介護以外のことを頼めるというものです。事前に介護経験者を登録しておいて、家族から電話で依頼があると、その家族の近所に住む人や同じような状態の介護をしたことがある人に連絡がいき、経験者が手助けにいくという仕組みになっているのです。介護経験者が訪問して見守っている時間に、いつも介護している家族が外に出て喫茶店でゆっくりコーヒーを飲んだり、買い物をするなど自分の時間を持つことによって、リフレッシュできるようになります。また、介護する家庭の相談相手にもなります。経験から得た介護のコツや知恵を伝えることもできますし、「そうそう、わが家でも同じようなことがあったのよ。わかるわぁ」と、心からその話をわかってあげることもできます。介護の経験者だと思うと、心を開いて本音を話すことができるため、気持ちが少し軽くなりその後の介護にまた励むことができるのです。また、経験者からのアドバイスは素直に聞けるものです。介護の経験者に助けられた人が、その数年後に介護をする必要がなくなったときに、今度は自分が介護経験者として助ける、というように循環していくこともあります。

「セルフヘルプグループ」と呼ばれる当事者による自助活動が、障害者団体を中心に発達してきました。今では、障害別に障害児を抱える親の会がたくさんできています。高齢者の介護にあたっても、同様の会が作られ活動しています。その多くが、認知症の高齢者に関するもので、「認知症の人と家族の会」や「認知症高齢者を抱える家族の会」「介護者家族の会」などの名前で活動しています。認知症の高齢者を抱える家族が、認知症という病気の理解を深め、家族相互が連携したり交流したりして、情報の交換を図ることによって、介護家族の孤独感を解消するとともに、身体的・精神的負担を軽減することなどを目的としています。

たとえば、参加者の一人ひとりが介護の現状や悩み、苦労していることなどを本音で話し合える「語りの場」があります。

「姑が、一年ほど前から徘徊や幻覚症状が出て大変なんです。お医者さんにも相談し、薬をもらい飲んではいるのですが、夜中にストーブをつけて餅を焼いたり、突然大声を上げたり抱いて騒ぎ始めるんです。私は、姑の言う事は一生懸命聞いて受け止めるようにしているのですが、気に入らないようなのです。もう、精も根も尽き果てて私がいなくなったら、どうなるだろうなんて思うこともあるんです。そんなとき、新聞で見て初めて来てみたんです」というような、介護に疲れ果てて、大変な思いをされている人に対して、「それは、おつらいですよね」と受け止めながら、「それでも、ここまで介護を続けてこられたのは、どうしてなのでしょう？　逃げ出してしまおうと思いながらも、それを思いとどまらせてくれたものは、いったいなんだったのでしょうか」というような質問をして、できていることを明確にしていきます。

このような、大変な状況のなかでどのように対処してきたか、を尋ねる質問を「コーピング・クエスチョン」といいます。どうやって生き延びてきたかという聞き方にもなるので、「サバイバル・クエスチョン」ともいわれています。先ほどのような聞き方をすることで、「ときどき夫が見てくれるものですから、今日もこの会のことを話したら俺が見てるから行ってこい、と言ってくれたんです」とか「姑が、あるとき口紅を塗ったことがあって、そういえば、おしゃれな人だったなあ、その気持ちを忘れていないんだなあって思うことがあって……」などと話してきます。それに対して「それはよかったですねえ。夫の力を借りることができるのは素晴らしい力です。自分の思いを伝えることができ、必要なときにきちっと人の力を借りられるというのはすごい能力です」とか、「大変な思いをさせられている相手に対しても、ちゃんと人として認める気持ちを忘れていない。それが、どれだけ素晴らしいことか、ご自分で気づいていらっしゃいますか」のように「コンプリメント」をしていくと、次第に穏やかな表情になっていきます。「コーピング・クエスチョン」のなかには、「コンプリメント」を入れていくのが効果的であるという報告もあります[1]。

その他の活動内容としては、次のようなものがあります。病気や介護のやり方について学ぶ介護家族講座、困ったときの対応の仕方や施設の利用の仕方など役立つ情報交換の場としてのサポート会、要介護高齢者本人、家族、ボランティアの人たちと歌を歌ったりゲームをしたりするお楽しみ会、食事をしたり、日帰りバス旅行などの家族の懇親会、行事のお知らせや介護Q&A、介護日記などによって構成されている会報の発行などです。

介護について、困っていることや不安に思っていることを話したり聞いたりすることによって、帰るときにはすっきりとした顔になるようです。そして、介護家族の横のつながりができていきます。

動物の介入が効果をもたらす

最近、「アニマル・セラピー」という言葉をよく耳にします。これは、動物を使って精神的な病気や身体機能の回復を目指そうとする治療方法のことです。「アニマル・セラピー」の効果としては、ストレスの軽減やコミュニケーション能力の向上、血圧の降下、身体機能の向上などが挙げられています。

こうしたことを受けて、獣医師がリーダーとなり健康できちんとしつけられた犬や猫と、その飼い主たちと一緒に施設を訪問するボランティア活動が各地でおこなわれています。特別養護老人ホームなどの高齢者施設では、ホールで二十人程度の利用者の方々が椅子や車椅子に座って集まっているところに動物を連れてきて、動物との接触を中心にした活動をおこなっています。訪問の回数を重ねていくにしたがって、自ら動物に声をかけたり、撫でたりするようになります。何にも興味を示さず無表情だった認知症の高齢者が、声を出したり笑ったりするようにもなります。また、高齢者と職員、高齢者とボランティア、高齢者同士の交流や会話が促進されるようになったという報告もされています。いつの間にか、動物を間に置きながら楽しい話が繰り広げられているということです。

また、家庭でペットを飼うことをおすすめします。「高齢者の介護だけでも大変なのに、そのうえ動物の世話までできるわけがないじゃないか!」と思うかもしれません。介護者と要介護者との間にペットがいることによって、問題は変わらなくてもストレスが過度に上昇しないようなやりとりがなされ、二人の関係は悪化しないで保たれることでしょう。

小さな変化が大きな変化を生む

そのほかにも体調が思わしくないときや、介護者が仕事で忙しくて食事の準備ができないときに、配食サービスを利用することができます。高齢者向けに健康や栄養のバランス、カロリーなどに配慮したメニューを工夫しています。ボランティア団体や民間業者がおこなっています。調理はできるが、買い物に出かけることが困難である場合には、食材の宅配サービスが便利です。一人分の分量から可能だったり、金額によってメニューを選べたりなどの多様性に対応しています。

また、身体が不自由で車椅子を利用して外出が困難な場合、乗り降りのしやすい車やリフト付きの車を活用して、医療機関の受診や買い物などができる移送サービスがあります。タクシー会社やNPO法人、あるいは自治体が民間に委託しているところもあります。タクシー会社では、ホームヘルパーの資格を持った運転手がやっているところもあります。

各地域で介護保険サービスを補完しているさまざまなサービスや取り組みを紹介してきました。読みながら気づかれた方もいるかと思いますが、一つの取り組みが始められて当初の狙い以上の効果をもたらしたり、さらなるニーズを呼び起こしたりして次から次へと発展していっています。なぜ、このようになるのでしょうか。ド・シェーザーはこのことを、「雪山の頂上から雪玉をころがせば、どんどん大きくなってしまいには雪崩になって、山の形を変えることもできる」と比喩的に説明しています。また、「小さな池に小石を一つ投げ込めば、池一面に波紋が広がる」とも述べています[2]。

これは、「システム」をなしているからなのです。システムとは、それぞれの存在が互いに影響しあう関係の網のことです。システムのなかでは、いつもと同じ種類の行動は同じような反応の連鎖を作る傾向があります。それによって、悪循環を作ってしまうこともあります。しかし、少し変わった行動が始まれば、ただちにほかの変わった反応を呼んで、それまでと違う連鎖が生まれます。連鎖が変われば、悪循環も切れるのです。

この「システム」は、家族というシステムだけにかぎられるものではありません。病院や施設というシステムにも、あるいは、地域やコミュニティにも当てはまるものなのです。一部は全体に、全体は一部に影響を与えようるものなのです。問題そのものの消失のみが解決ではありません。ましてや、介護問題は原因を取り除くことは困難なものです。そのシステムの持っている資源を最大限に生かし、多様なニーズや解決の形をうまく引き出していくことによって新たな展開が生まれてくるのではないでしょうか。

［参考文献］

1――森俊夫、黒沢幸子『解決志向ブリーフセラピー――森・黒沢のワークショップで学ぶ』ほんの森出版、二〇〇二年
2――S・ド・シェーザー著／小野直広訳『短期療法――解決の鍵』誠信書房、一九八五年

研究ノート

「徘徊に関する心理学的研究」*

アルツハイマー型痴呆によくみられる「徘徊行動」(以下、徘徊)は、施錠されたり人目の多い施設内などでなされているときには大きな問題にはならないが、在宅の高齢者にそれが生じたときには重大な交通事故や怪我、ときには死などにつながることがあり、家族に強い緊張を強いることになる[1]。そのようにある意味では、重く危険な症状ともいえる徘徊行動であるが、これに関して科学的な解明はほとんどなされていない。特に心理学的アプローチはゼロに等しい。ここでは、その心理学的かかわりの一例として、もの言えぬ痴呆症高齢者の「行動」をターゲットにして心へのアプローチを試みた「痴呆症高齢者の(特にアルツハイマー型痴呆によくみられる)徘徊に関する心理学的研究」[2]について、少し詳しく紹介したい。

研究1——徘徊の距離と動機

ドーソンとレイド[3]は徘徊を「目標をもたない頻発する予測できないさまよい」とし、シンダー[4]は「周囲からは無目的に見えるが、(本人なりの)なんらかの目標を持った動き回り行動」、また森下[5]は「危険や社会的問題を引き起こす目的的あるいは無目的的行動」としている。どの定義もすべての徘徊行動をカバーできるほどの「幅の広さ」を欠いており、また適用の曖昧さを含んでいる。これらの定義は徘徊者よりも、むしろ十代の若者の行動特徴としたほうが、よりよく当てはまるのではないだろうか。

徘徊に関しては、このように定義や概念が不明瞭であるだけでなく、その動機や徘徊がなされる時間の長さや時間帯に関しても十分な研究はなく、不明瞭である[6]。徘徊がなぜ、どのくらい続くのかなどが知られていない（ただし夕方になされるものは、シンダー[4]やレイダー[7]らによって注目され、一般的には〈夕暮れ徘徊〉twilight wanderingとして知られている）。経験的には、朝起床後すぐに始まり一日中施設の回廊をめぐり歩き、終了直前にはいわゆる「ドクターストップ」の状態にまでなるような重度の徘徊があることなども知られているが（われわれはこれを〈終日型徘徊〉all daylong wanderingと呼んだ）、実際に一日にどれほどの距離を歩くのか、またなぜそれほどの長距離を歩き続けるのか、などに関して科学的には全く解明されていない。

ここでは、この重度の終日型徘徊について、特別養護老人ホーム在住の痴呆性高齢者を対象被験者として、一日の総歩行距離を実測し、またその長時間歩行の目的や動機などについて実験的に検討したい。

方法と手続き

1――被験者

被験者（以下、Ss）は、神奈川県K特別養護老人ホーム在住の痴呆性高齢者、男女各2名（合計4名）である。また「対照群」は、「痴呆症ではあるが、徘徊行動のない者」とし、Ssとほぼ同じ年齢・性別で4名が選ばれた。これらSsと対照群は、前頁の**表a-1**および**表a-2**に示される。

また、これらSsは朝起床してから就寝時にいたるまで、食事やおやつや少々の（数分で数回の）休憩をとる以外は、毎日勤務室を取り巻く形の回廊を、いわばエンドレスに歩き続けていた人びとである。

4名すべてのSsの意識状態は全く清明であり、日常の言語的コミュニケーション能力も保たれており、自分の欲するところも表現できた。

すなわち「対照群」は、徘徊をしないことを除けばその行動パターンや意識状態、コミュニケーション能力などは「徘徊群」とほぼ同じである。

2――手続き①

一日の総歩行距離を知るために、これら4名のSsのズック靴の踵部分に幅1㎝ほどの帯を縫いつけ、そこに「歩数計」を装着した。これにより一日の各自の総歩数を知ることができる。そこで得られた一日の総歩数に、歩幅を乗ずれば、各自の一日の総歩行距離を知ることができる。

各自の平均歩幅を知るために、任意の三時刻に（それぞれ5回）歩幅を測定し、その平均値をその個人の「平均歩幅」とした。この平均歩幅を各自の総歩数に乗じ、それを各自の一日の総歩行距離とした。この手続きは対照群に対しても全く同様に適用された。

3――手続き②

長時間歩行の目的や動機を知るために、施設内の回廊を一巡してくるSsに対して、計5回同じ質問がなされた。それは「どこへ行くのか」（目的）、「なぜそこへ行くのか」（動機）を中心としたものだが、Ssが歩行目的としてたとえば「家へ帰る」と答えたようなとき、つまり「場所」を答えたようなときは、その場所が本当にあるか、その「うち」は実在

表 a-1

徘徊群

氏名	性別	年齢	痴呆の種類	徘徊のタイプ
NI	男	76	分類不能	終日型
HM	男	73	アルツハイマー型	終日型
HH	女	77	アルツハイマー型	終日型
IT	女	83	脳血管性	終日型

表 a-2

対照群

氏名	性別	年齢	痴呆の種類
NK	男	75	アルツハイマー型
KN	男	71	アルツハイマー型
KH	女	78	脳血管性
KJ	女	80	アルツハイマー型

するかなどについて、施設職員に確認したり、資料でも確認した。

また、たとえば「息子に会う」などのような「人」を答えたり、「仕事しに行く」などのように職業や経験を答えたときも、すべて実際に実在しているかどうかを確認した。

結果と考察

1――歩行距離について

上記のような手続き①によって得られたSsおよび「対照群」の一日の総歩行距離（各自の平均値）は、**表b－1**および**表b－2**に示される。

表b－2にみられるように「徘徊群」には、一日に最長15・8km歩く被験者がおり、**表b－1**の群平均でも12・1kmを歩いている。これは、徘徊をしない対照群（平均1・1km）のおよそ12倍である。徘徊者は、この距離を毎日歩いているのであり、驚くべき健脚といわざるを得ない。もちろん、対照群の非徘徊者が、一日に平均1kmしか歩かないことも驚くべきことであるかもしれないが。

いずれにしても、終日型徘徊者が一日にどれほどの距離を歩くのかに関してはこれまで全く知られておらず、たとえば施設や家から徘徊者がいなくなった場合の「捜索範囲」なども「勘と経験」を頼りにするようなことが多かったが、本研究の結果は、その「捜索」の一つの目安になるともいえよう。

ところで心理的に重要な問題は、徘徊者がなぜ、なんのためにこれだけの長距離を歩くのか、その目的や動機であろう。

表b-1：一日の総歩行距離［平均値］

群	総歩行距離	SD
実験群（徘徊）	12.1	5.7
対照群（非徘徊）	1.1	0.4

表b-2：一日の総歩行距離［実測値］　単位：キロメートル

各群4人の実測値［（　）は氏名イニシャル］			
15.8（NI）	13.9（HM）	9.8（HH）	8.9（IT）
1.4（NK）	1.2（KN）	0.9（KH）	0.9（KJ）

2――目的と動機について

先の手続き②にしたがって、Ssが目的や動機を持って歩行しているのかどうかが調べられた。結果は、どのSsも実験者によって、尋ねられた目的や動機を問う5回の質問に対して、5回とも同じ答えを繰り返した。**表c**にその回答を示す（歩行距離の長かった順に示す）。

表cからも、4人のSsがそれぞれ徘徊する目的や動機を持って徘徊していることは明らかである。それぞれ内容は異なるが、目的を持っていることは共通している。このことはすなわち、徘徊は単なる漫然とした歩行ではなく「目的的歩行」であるといえよう。しかもそれは、それぞれのSsが同じ答えを5回とも同じようにくり返したという事実から、「徘徊者は明らかに確固とした目的を持っており、その目的に向かって歩行している」ことを意味していると考えられよう。

これまで、徘徊が目的や動機のある行動であるか否かに関して議論があり［2］［8］、必ずしも決定的な結論は得られていないことをくり返し指摘したが、本研究では徘徊には、明瞭に目的も動機もあると結論できる。

ところでこの徘徊の目的に関して、もう一つ興味深い事実が得られている。その目指す目的（あるいは目標）が本当に実在するものであるかどうか、という点である（**表c**の右端には、ホーム職員の言葉や資料などによって、それを確認した結果が示されている）。

表cのとおり、4名のSsは確かに歩行目的を明瞭に答えていたが、その内容や対象は（施設職員や記録によれば）すべて実在しなかったのである。た

表c：徘徊目的と（目標・対象）とその実在・非実在

被験者名	性別	徘徊目的	目的（目標・対象）は実在するか
NI	男	うちに帰る	うちは建て替えられて実在せず
HM	男	（子ども時代の）息子が迎えに来ているので会う	息子は成人しており実在せず
HH	女	じいさんに飯を作る	じいさんは死亡しており実在せず
IT	女	洗濯物を取り込む	取り込むべき洗濯物は実在せず

とえば「家に帰る」というＮＩの家は、すでに建て替えられてしまっており、ＨＭの「会いたい息子」は「子供時代の息子」であり、同一人ではあるが現在の息子ではない。ＨＭの「飯を作る」べきじいさんはすでに物故しており、ＩＴの「取り込むべき洗濯物」はこのホームにはない。すなわち、これらはすべて実在しない。

しかしながらSsの「頭の中」では、これらの対象は「実在している」と思われており、それゆえ、それらを目指して確固として歩いていたものと思われる。このことは、Ssがいわゆる「ドクターストップ」寸前になるまで歩き続けるのはなぜなのか、なぜ何十キロもの長距離を歩くのかの説明の一つになりえるだろう。

すなわち、対象となったものは客観的には実在しないがゆえに、決して到達されることはない。しかしSsはそれを存在すると信じており、それに到達すべく懸命に歩き続ける。結果として長時間長距離を歩くことになる、ということである。先の「驚くべき健脚」は、このように説明し得ると考えられよう。

研究２――徘徊をコントロールするための心理学的実験

研究１において、終日型徘徊者が、一日に群平均でおよそ12㎞もの距離を毎日歩いており、それは（客観的には実在しないが）徘徊者があると確信している目標を目がけた行動であることが明らかとなった。

ところでこの歩行は、前述の通り在宅高齢者の場合には事故や危険に遭遇したり、家族に強い緊張を引き起こしたりする可能性がある。また老人ホームなどの施設内では、ほかの入所者の迷惑になったり、何よりも徘徊者自身の疲弊や事故や健康阻害にいたることもあり得る[9]。その意味において歩行距離を少なくしたり、より安全な行動へ誘導したりなどなんらかの「コントロール」がなされる必要があると思われる。

小泉[10]らは、D・W・トマスの分類による（本研究における「終日型徘徊」に近い）「持続徘徊」者と会話をしたが、その結果、会話は通じなかったものの徘徊者は1時間ほどそこにとどまったと報告している。小泉らの論文では、この「とどまった」ことを「徘徊をコントロールした」こととして明確に強調されてはいない。しかし実際にこのことは、会話することが結果として徘徊行動を1時間ほど中断させたのであり、これを「コントロール」と見なすことができる。

また、現在全国のどこの施設でも、施設職員による入居者へのいわゆる「声がけ」が励行されているが、これらは短時間であるにしろ徘徊を中断させることになり、これも「徘徊のコントロール」と呼ぶことができよう。さらに「声がけ」は対話や会話ではないにしても、少なくともその「キッカケ」になるものであり、これが発展的に会話に進めば（実際そのような形になることが多いが）、小泉らと同様に、結果としてより長時間の「徘徊のコントロール」につながる可能性がある、ともいえよう。しかしもしそうだとすれば、これら会話や「声がけ」は、なぜ徘徊者の徘徊を中断させることになるのであろうか。

この点に関しては厳密な研究はなく、したがって未検証ではあるが、おそらく徘徊者にとって声をかけられたり対話したりすることは、「自分が無視されていない」ことや「孤独ではない」こと、「保護され安全な環境にいる」こと、そして「親密さの証し」であることなどのポジティブな感覚や認識につながり、それらに引きつけられたりとらわれたりすることが、結果として徘徊の中断（コントロール）になると推測される。したがってもしそうだとすれば、徘徊者が親密さを強く感じている相手（たとえば、親友や家族など）は、徘徊者に対して「声がけ」や「会話」などを通じて、より強力に徘徊を「コントロール」し得るかもしれない。

この研究2では、そのような「声がけ」や「会話」の効力を検討し、ついで「親密さ」が徘徊行動にコントロール効果を持つか否かを三つの小実験によって検討したい。

方法と手続き

上記の目的を達成するために以下のような方法と手続きが取られた。

1――被験者

被験者（以下、Ss）は、研究1における被験者と同一の4名の終日型徘徊者である（**表a-1**参照）。ただし、これら4名は、それぞれ実験内容によって全員が参加する場合と、一部の者のみが参加する場合とがあった（以下の「手続き」の項参照）。

2――手続き①

「声がけによって徘徊が中断される（コントロールされる）か否か」また、もし中断されるとしたら、その中断時間はどれほどの長さであるかを知るために、実験者（T大学女子4年次生）が、徘徊行動で回廊を歩行している徘徊者に次のように声をかけた。「これから○○さんのご家族のことや仕事のことや、ここでの生活のことについて、お話を聞かせてください。よろしいでしょうか。ここは廊下ですので、○○さんのお部屋でお話ししましょう」。拒否されないときはそのままSsの居室に一緒に入り、ベッドの縁に並んで座り、会話（対話）を始めた（**図a**参照）。内容は家族のことや施設での生活に関する「身辺雑話的世間話」である。この対話（会話）の継続時間は計時されていたが、後に述べる理由により、最長で20分間で打ち切られた。また、途中でSsが会話をやめたそうな言動や様子がみられたときは、

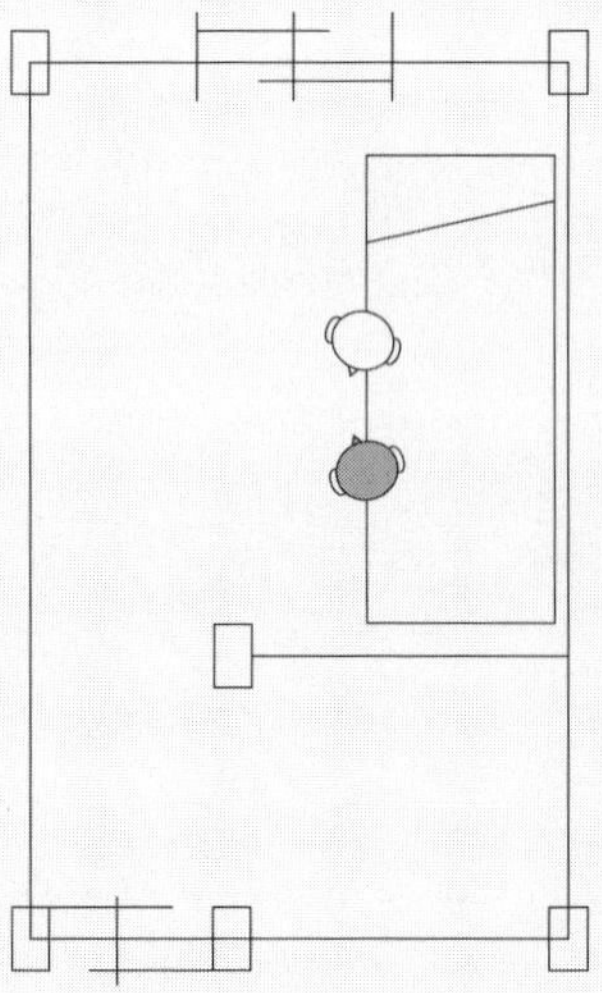

図a

徘徊者と話す実験助手（手前●：女子学生）

ただちに対話を打ち切ることがあらかじめ決められた。以上のような手続きが4名すべてのSsに適用された。

3——手続き②

「親密性（親しさ）は徘徊行動のコントロールにどのような効果を持つか」を知るために、SsとしてHMさん（男）とHHさん（女）が選ばれた（**表a-1**参照）。この2人は自分たちを「夫婦」と思い込んでおり、時折手をつないで一緒に徘徊することがある。相互に相手を最も親しい人物と認めており、会話も頻回である。

この2人が手をつないで一緒に徘徊しているときに、職員（寮母）が2人に話しかけ、「HMさん（夫）に用事があるのでちょっとこちらに来てくださいね」と言いながら、HM（夫）を少し離れたところ（HHの目の届かない場所）へ誘導する。一方HH（妻）は、そこに残されるが、実験者はそこから少し離れたところから、HH（妻）を観察する。観察のポイントは、「残されたHH（妻）が、そのままひとりで徘徊行動を続けるか否か」「徘徊せずにそこに留まるとすれば、どれほどの時間か（ここでも最大限20分間を目処とした）」「HM（夫）がHH（妻）のもとに戻されたとき、再び2人で徘徊を再開するか」の3点だった。

当然のことながら、この2人が引き離されていた間は、両者は会話できず、また会話以外のなんらかのサインを送りあうことも不可能だった。

以上のような手続きが繰り返された。

4——手続き③

上記の手続き②の延長上にある「夫婦と思い込んでいるほどの親密な関係は、徘徊行動にどのような効果を持つか」を補強確認するために、上記手続②と同じHM（夫）とHH（妻）を対象に、次の手続きで実験をおこなった。

ホームの廊下に6mの長さの白線が引かれた（**図b**参照）。次に、HM（夫）に単独でその白線に沿って歩いてもらった。このときの通過に要する時間と歩数が計測された。すなわち、6mを何歩・何秒で通過するかが測定された。

次いでＨＨ（妻）にこれも単独で、白線に沿って歩いてもらった。同じく、６ｍの白線通過に要する時間と歩数が計測された。これらが終了した後、さらにもう一つの実験が付け加えられた。連れ立って徘徊するときのように、２人に「手をつないで」白線に沿って歩いてもらった。これも上記と同様に、６ｍ通過に要する時間と歩数が計測された。

以上のような手続きで、単独歩行を、それぞれ５回ずつ、手をつないで歩行する場合も５回繰り返され、すべての時間と歩数が計測された。

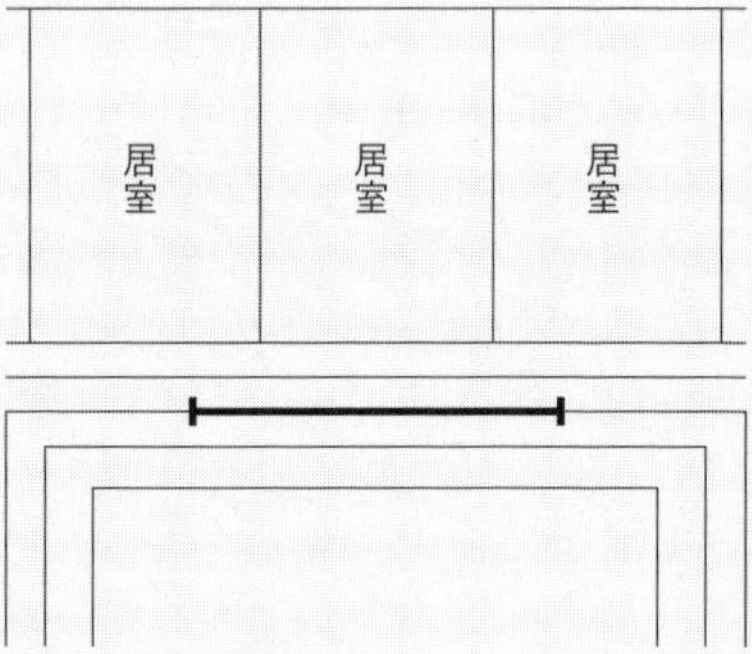

図 b

廊下に引かれた６ｍの白線

結果と考察

1――「声がけによって徘徊が中断される（コントロールされる）か否か」

この小実験では、所期の結果が得られた。すなわち、すべてのSsが、実験者の呼びかけに対して足を止め、また自室での対話に積極的に応じ、また実験者が20分後に会話を打ち切る前に、進んで対話をやめようとしたSsも皆無だった。

重要なことは、これら４人のSsは全員実験者の呼びかけに立ち止まり、また自室で会話を続けている間は、徘徊を「していなかった」ということであろう。すなわち、Ssに対する呼びかけや会話（対話）は、徘徊行動を中断すなわちコントロールする効果を持つ、ということである。

ところでわれわれは会話時間を最大限20分間としたが、その理由は、一つには「ホームの日常生活の中では長時間の実験は（疲労やプライバシーや日常行動の阻害などがあり）望ましくない」こと、そして二つにはもしこれら徘徊者が在宅徘徊者であったとしても、「20分あれば、対話者が家族に連絡をしたり、警察・消防・役所などの関連機関にコンタクトし得るに十分」と考えられたからである。

もちろんわれわれは、最長どのくらい会話や対話が続けられるか（小泉らの場合は、1時間だったが）、すなわち、会話や対話でどのくらい長く徘徊をコントロールし得るかに関して強い興味を持っているが、それはまた別の機会に譲らざるを得ない。ここでは所期の目的を達成したことで満足したい。なお単なる印象にすぎないが、どのSsも20分の会話終了時に、もっと話したそうな素振りや言動（なかなかベッドから立ち上がらない、立ち上がっても再び座ってしまう、もうおしまい？　と言うなど）を示したことは、付け加えておいてもよいだろう。

2——「親密性（親しさ）は徘徊行動にどのような効果を持つか」

（夫）が（妻）を待たせる実験を試みたが、ここでも結果は、上記1の声がけの結果と同じであった。（妻）は徘徊をやめ、（夫）を少なくとも20分間（ここでも実験は20分で打ち切られた）待ち続けたのである。本実験は5回繰り返されたが、いずれも結果は同一であった。（妻）は、5回とも単独では徘徊歩行しようとはしなかった。

この事実は、極めて親しい間柄である（夫）は、（妻）の徘徊行動を20分間中断させる力を持っている、ことを示しているといえよう。

またさらに（妻）は（夫）が戻ってくると、再び（夫）と手をつないで「徘徊を再開した」のである（5回とも同じパターンだった）。このことは、（夫）は、（妻）の徘徊をやめさせるだけでなく、始めさせる力も持っていたことを示していると考えられる。すなわち、（夫）は（妻）の徘徊を開始させたり中断させたりする力（コントロールできる効力）を十分に持っている、といってよいだろう。

この場合注目すべきは、この（夫）と（妻）の間には、一切「会話」も「声がけ」もなされていない、ということであろう。手続き①とは異なり、両者の間になんら会話や声がけもないのに、結果として「会話」と「声がけ」と同様の徘徊の中断・コントロールがみられたのである。

おそらく、ここでは「親密さ」が重要要因であろう。夫婦と思いこむほどの親密さゆえに、（妻）は「（夫）とともに歩きたい」と思い、そこで「（夫）が戻ってくるのを待つ、すなわち、徘徊を中断する」という行動を取った、とする解釈が最も自然と思われる。いずれにしろここでは、「親密さは、徘徊を開始させたり中断させたりする徘徊コントロール効力を持っている」と結論することができるのではないだろうか。もちろんこの結論を広く一般化するためには、親しさの度合いや親密性の内容、更に親しくない者同士の場合には反対の結果が得られる、などの実験や検証を欠かすことができないことはいうまでもない。

なお付け加えるなら、この実験とは反対に、（夫）が（妻）を待つ場面でも同様のコントロール効果がみられるか否かが実験されていれば、痴呆性高齢者における性役割の問題も含め、より興味深い結果が得られたかもしれない。

3——「夫婦と思いこむほどの親密な関係は徘徊行動にどのような効果を持つか」を確認する：前記2の補強

今の自分たちを夫婦と思い込んでいる二人に再び実験に参加してもらった。最初は別々に、ついで一緒に手をつないで6メートルを歩いてもらい、その歩数と所要時間が測定された。5回の測定結果は平均値で**表d**に示される。

表dによれば、HM（夫）は、HH（妻）に比べ、歩速は速く歩幅も大きく、HH（妻）は相対的にそれらが遅くまた小さい。興味深い結果は、両者が手をつないで連れ立って歩いたときにみられた。すなわち、このときの歩速も歩幅もそれぞれ両者の単独時のほぼ中間の値に近づいたのである。これは、両者が相互に相手に歩き方を合わせた（あるいは文字通り譲歩した）ことを意味している。そしてこのことは、視点を変えれば、HM（夫）はHH（妻）の歩行の仕方をコントロールし、

表d：単独歩行と連れだったときの歩速と歩幅

徘徊の形	平均歩速	平均歩幅
夫　HM 単独	47m/ 分	41cm
妻　HH 単独	41m/ 分	32cm
連れ立ったとき	44m/ 分	37cm

HH（妻）もまたHM（夫）の歩行の仕方をコントロールした、すなわち相互にコントロールしあったことになるともいえよう。

以上のことから、この3の実験においても「夫婦と思い込むほどの親密な関係は、相互に徘徊行動の仕方（歩き方）に影響を与えあうあるいはコントロールしあう」という結論をより強く補強したものといえる。

以上のように、研究2においては、徘徊者への呼びかけや会話は、徘徊者を「中断」（コントロール）することができる。そしてまたさらに、徘徊の「中断」（コントロール）は、会話なしでもでき得ることが示された。そしておそらく後者の場合は、徘徊者と徘徊をコントロールする者との間の「親密さ」が大きな役割を果たしている可能性が大きいことが示唆された。

おわりに

本研究は、一日中徘徊行動を続け、ときには本人自身疲弊し、また家族を緊張させることのある終日型徘徊者を対象に、その徘徊行動の実態を知り、かつその行動のコントロールが可能か否かを心理学的実験を通じて検討したものである。対象被験者は4名であり（対照群を含め8名）、結果を一般化するには十分な数とは言いがたいが、しかしここで得られたいくつかの事実にはこれまで全く知られていなかった（あるいは気づかれていなかった）ものが含まれており、パイロットスタディ的な役割は果たし得たと思われる。

以下に本研究で得られたいくつかの事実と考察された結論を列挙しておきたい。

①徘徊には、朝起床後すぐに始まり就寝時にまで持続するタイプのものがあるが、われわれはこれを「終日型徘徊」(alldaylong wandering)とよぶ。

②終日型徘徊者の一日の総歩行距離は、平均でおよそ12㎞であり、これは徘徊がない痴呆性高齢者の約12倍の距離である。

③徘徊行動は漫然とした歩行行動ではなく、目的と動機がある。

④これら徘徊目標は、客観的には実在しない場合があるが、徘徊者はそれを実在していると信じ、それを目指して徘徊している可能性がある。そしてそれが長距離歩行の一因であろう。

⑤徘徊は周囲の者が、呼びとめたり、声をかけたりすることで中断させることができる。

⑥そのまま会話や対話に至れば最小限20分間は、徘徊行動を中断・コントロールさせることができる。

⑦また極めて親密な間柄の人は相互に、会話なしでも、相手を待たせるという形で徘徊を中断させたり開始させたりできる、すなわちコントロールすることができる。またさらに、きわめて親密な間柄の人は相互に相手の歩行の速度や歩幅をコントロールすることができる、すなわち徘徊の仕方をコントロールすることができる。

本研究から得られた事実は、大略以上のとおりであるが、これらの事実から、あるいはこれらを敷衍したところからわれわれは何を知ることができるであろうか。おそらくこれらの事実が共通して示唆するところは、「痴呆性の高齢者にとって、他者の存在それも親しく親密な他者の存在がいかに大切であるか」ということであろう。

長距離12kmを一日中をかけて歩行してゆく先には、（おそらく家族が待つ）「家」があり、愛する息子やじいさんがおり、そして（おそらく他人のものではない、自分の家族の）洗濯物が待っているのである。ここには最も親密な者、家族に対する強い指向がみてとれるのではないだろうか。そして事実、研究2でみられたように、声をかけられて立ち止まり、会話を長々とする、そしてまさに家族の一員である「配偶者（夫）」をじっと待ち続け、相手の歩き方に合わせて歩行する――これらはすべて、自分を無視せず、自分に関心を示し、言葉を交わしてくれる親しい他者・家族を求めている徘徊者の心情を示しているといえよう。

そしておそらく、痴呆性の高齢徘徊者がこのような他者指向・家族指向を強く示すという事実は、この人びとが実際に置かれている現実場面には、そのような関心を持ったり言葉を交わしたりする心温かな他者や家族がいないことを意味していると考えられる。

以上のことから、徘徊者に安全で保護的環境にいると認識してもらい、心身ともに危険につながりやすい終日型徘徊を中断（コントロール）するには、周囲がどれほど「家族的親密さ」を作れるかどうかにかかっており、もしそれが作れるならば、本実験の「夫婦」にみられたように、危険な徘徊行動に対してかなり強力な抑止効果（コントロール）が期待できると思われる[11]。

*なお、本稿は、日本老年行動科学会発行の拙著「痴呆性高齢者の徘徊行動に関する心理学的研究」『高齢者のケアと行動科学』第八巻二号、二〇〇二年、四－一四頁に加筆、修正したものである。

現在わが国では、痴呆症は「認知症」と呼び慣わされているが、正式の学術用語ではない。本稿ではdementiaの訳語として正しい旧来の〝痴呆〟を用いたことをお断りしておきたい。

［参考文献］

1——Hall, G. R., et al. (1995) Standardized care plan-managing Alzheimer's patients at home. *J. Geront. Nurs.*, 21(1) ,37-47

2——柄沢昭秀『精神医学入門』中央法規出版、二〇〇一年

3——Dawson, P. & Reid, D. W.(1987) Behavioral dimensions of patients at risk of wandering. *The Gerontologist*,27,104-107

4——Synder, L. H., et al. (1978) Wandering. *The Gerontologist*, 18, 272-280

5——Morishita, L. (1990) Wandering Behavior. In *Disease, Treatment and Long Terin Management*. (ed. Cummings, J. L. & Miller, V. L.) Mercel and Dekker Inc, New York

6——Baltes, P. B., Reese, H. W. & Lipsit, L. P. (1980) Life-span developmental psychology. *Annual Review of Psychology*, 31,65-110

7——Rader, J., Doan, J. & Schwab, M. (1985-6) How to decrease wandering, a form of agenda behavior. *Geriatr Nursing*,196-199

8——Monsor, N. & Robb, S. S. (1982) Wandering behavor in old age: A psychosocial stydy. *Social Work*, 27, 411-416

9——石川みち子、椊田俊邦、井上勝也「痴呆老人の徘徊行動と骨密度に関する一考察——1万メートルのパラドクス」『高齢者のケアと行動科学』二巻、一九九五年、一〇四－一一七頁

10——小泉美佐子、行田久美、石川弓子「痴呆老人の徘徊行動のタイプ別対応に関する検討——4事例の徘徊行動の観察」一九九九年、*The Kitakanto Medical Journal*, 49(3) ,193-199

11——井上勝也「痴呆性高齢者の徘徊行動に関する心理学的研究」『高齢者のケアと行動科学』八（二）、二〇〇二年、四－一四頁

解決志向ケアに関する理論

これまで、「解決志向ケア」（SFC）について述べてきましたが、それがなぜ役立つのかという点には、ある理論的背景があります。この章ではそれについて述べていきます。少し難しい話も含まれますが、なかなかおもしろいので紹介したいと思います。

家族という「システム」の自己制御性

家族は一つの「システム」とみることができます。家族という「システム」には、すごい力があります。それは、「システム」ならば、どんな「システム」でも持っている、「自分を自分で維持する力」です。これが「自己制御性」です。

「システム」というのは、「相互作用のうちにある諸要素の複合体」（フォン・ベルタランフィ）〔1〕、「対象間とそれらの属性間の関係に伴う一連の組み合わせ」（ホール＆ファーゲン）〔2〕、「ある目的のために組みあわされた、諸部分からなる全体」（長谷川）〔3〕と学者によってニュアンスの違いはありますが、一言でいえば、要素の集合体、と考えてもらっていいでしょう。

たとえば身体。身体は、さまざまな諸器官という要素の集合体です。そして、高校の生物の時間に習ったのを覚えておられる方もいらっしゃるでしょうが、人間の身体には、自分自身をある一定に維持する機能があります。体温、血圧、脈拍などが、ある一定の状態が維持されています。こうした「自分を自分で維持する力」すなわち「システム」の「自己制御性」は、「ホメオスタシス／恒常性」と同義です。ちなみに、「ホメオ」というのは、「同一の」という意味で、「スタシス」というのは、「状態」という意味です。

家族を「システム」としてみる、ということは、家族に「自分を自分で維持する力」があるということ、だから家族はバラバラにならずに継続的に維持できていると考えるのです。家族が家族として、よくも悪くも維持されるのは、このためです。反対に、家族に維持する力がなければ、家族はいつでも終わらせることができるのです。いっそそうなってしまえば、老いて弱りきった親の姿を見ては、つらく、悲しく、そして切ない思いをすることはなくなるのです。しかし家族には維持する力があるため、家族をいつでも終わらせることができないということになります。その代わりに、老いて弱りきった親に生まれたばかりの元気なひ孫を見せて、喜びや楽しさやうれしさを一緒に分かちあうことが家族にはできます。自己制御性は、家族ならではの酸い甘いをもたらします。その意味で、家族にとって自己制御性は、諸刃の剣、ともいえるでしょう。

「家族システムの自己制御性」を使った援助

「家族システムの自己制御性」を知ることで、解決志向ケアという援助が考えられるのです。それは「家族をシステムとしてみた」からこそなのです。「解決志向ケア」は序章で述べましたが、大事なのでここで再度おさらい

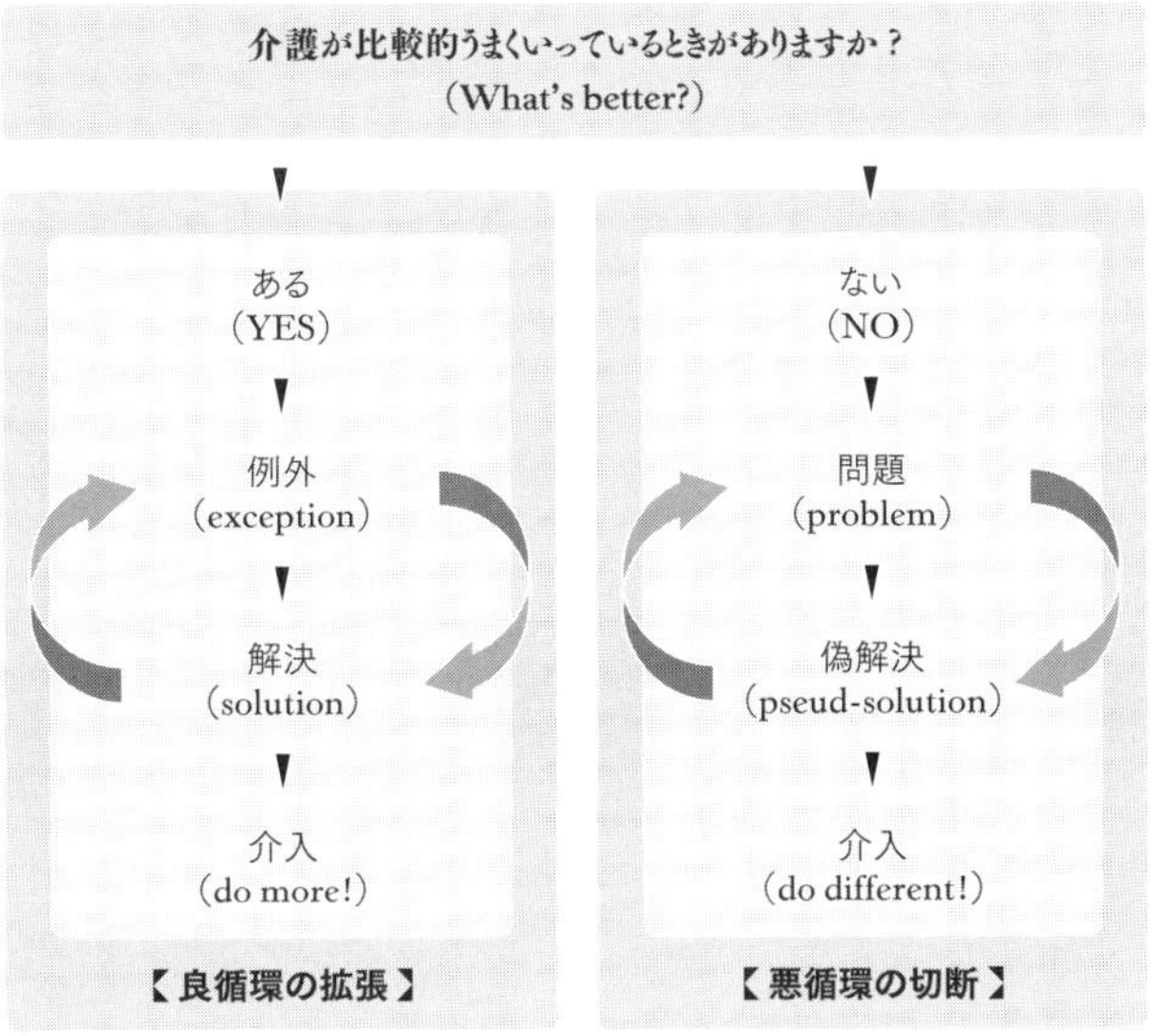

図2 SFCモデル

をします。

図2にある、「介護が比較的うまくいっているときがありますか」は、介護がつらく、悲しく、切ないものであるにもかかわらず、「お、楽しいかも」とか「お、嬉しいかも」など、「例外」的に、「うまくいっている」ときを探すというスタンスで、介護をながめてみる、ということを表わしています。

そして、左に下りてみてください。この「例外」とは、介護にたずさわっておられる方がすでにおこなっている「解決」した行動であるわけですから、その方の構造にとてもフィットした行動であるわけです。そのため、その例外的行動のパターンを「**do more!**」、すなわち「もっとやろう！」ということが、「良循環」をすすめてゆくことになります。

しかし、介護をしていて、「そんなこと、あるわけないじゃない！」と言う方、また周りから見ても、「これは、例外なんかある状況じゃないな……」、そういう場合もあります。こういうときは、右に下りてみてください。このとき、必ず、その「問題」に対して、今とっている対処行動、すなわち、解決しようと思ってやっているんだけど、結果的に問題を維持してしまうことになっている、「偽解決」というものがあるはずです。そのため、その「偽解決」とは「**do different!**」、すなわち「違うことをやろう！」ということが、「悪循環」を断ち切ることになります。

山手線を思い出してみてください。山手線は、いつも同じところをぐるぐる回っています。山手線には、始点も終点もありません。どこにも到着しません。同じ風景を見続けたければ、電車に乗りっぱなしでよいでしょう。しかしもう同じ風景を見続けたくないなと思ったら、電車から降りなければなりません。ここで、乗りっぱなし、というのが「**do more!**」、降りる、というのが「**do different!**」です。

「良循環」や「悪循環」もこれと同じです。「良循環」の風景をずっと見続けていたいならば、今とっている行動を「**do more!**」しましょう。「悪循環」の風景をもう見続けたくないならば、今とっている行動を「**do different!**」してみましょう。そしてこの「循環」が「循環」たり得ているのは、同じ状態を維持することによるもの、ほかならぬシステムの自己制御性によるものなのです。

見えない「心」から、見える「コミュニケーション」へ――マネージメント・コミュニケーションへの着目

そもそも人間の心の実在を知るということは、とても困難なことです。なぜなら、心を知ろうとする人その人にも心があるわけで、いわば心が心自体を知ろうとしている、というおかしなことになってしまうからです。そこで、心は複雑な心的装置を持っているであろうブラックボックスであるとする考え方が生まれました[4]。こうすることで、箱の中で本当に起こっていることに対する推測はしてもいい、ということになります。

しかし、個人の心のなかではなく、「誰が、誰の介護をしているのか」といった個人の間、つまり「人間関係」に目を移せば、ブラックボックスは、ブラックボックスでなくなり、即座に消失することになります。もはや、「箱の中にはいったい何が入っているんだろうな」と推測する必要がなくなる、ということです。

そして必要になってくるのが、個人の間、つまり「人間関係」において観察可能な「コミュニケーション」とい

うことになるのです。ちなみにこれは、「パラダイム変換」［5］というほど、心理学の歴史上、すごいことだったのです。

「解決志向ケア」を実施していくカギは、介護をする人々の間で交わされる「コミュニケーション」に注目してゆくことにあります。家族介護でいえば、家族メンバー間、たとえば、夫婦間や親子間など、あらゆる組み合わせの間のコミュニケーションを詳細に見ていくということです。

ポイントは「マネージメント・コミュニケーション」といわれるものです。「マネージメント・コミュニケーション」というのは、会話の「意味」にはかかわっていません。しかし、この会話の意味にはかかわらないけれども、「そこで話されていることの意味や内容（トピック）とは比較的独立したコミュニケーション行動のことで、話に参加している人たちがお互いにその会話を作り上げようとして、そこでのコミュニケーションの流れをある決まった方向に定めているコミュニケーション行動のこと」なのです［5］。しかも、それは、コミュニケーションをおこなっている本人は、その「マネージメント・コミュニケーション」をおこなっていることに本人自身も気がついていない、無意識的であることが多いのです［5］。

国内では、東北大学教育学部臨床心理学教室が、この「マネージメント・コミュニケーション」についての研究をおこなってきています［5］。

コミュニケーションの分類を**図3**に示しておきます。これは、コミュニケーションが、コミュニケーションの分類において、従来の「言語」－「非言語」という次元に加えて、この「トピック」（話の内容）－「マネージメント」（その場のやりとりを指示する行為）の次元が加えられていることを示しています［5］。

臨床的には、家族成員間でおこなわれるコミュニケーションのマネージメント的側面、特に、非言語的な行為に介入することの重要性が強調されています。このような介入は、「メタ・マネージメント・モデル」に基づく、コミュニケーションのマネージメント的側面への介入と呼ばれています［5］。

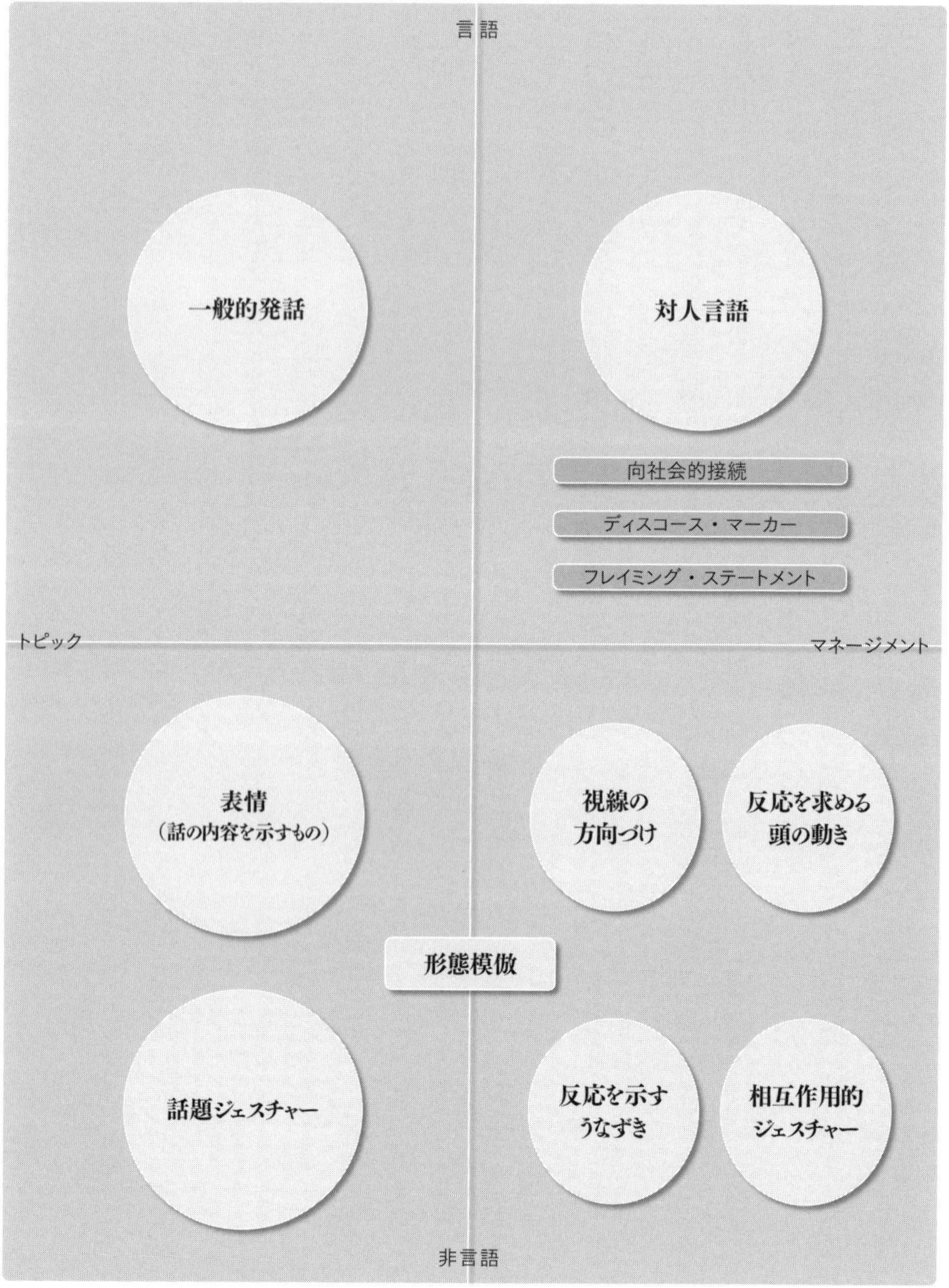

図 3 コミュニケーション行動の分類（若島・長谷川、2000）

解決志向ケアのメリット

最後に、解決志向ケアのメリットについて述べておきたいと思います。

①「原因の除去＝解決」だと考えなくてよい

私たちは、何か困ったことが起きると、どうしてそういうことが起こったのか、という原因を考えます。心理療法の世界でも、伝統的に、「その問題は、時計が壊れたら壊れた部品を取り替えることによって時計が直る」というように、ある原因を取り除けば解決するという前提がありました〔5〕。

介護の場面でも、「おじいちゃんの物忘れが……」「私がいたらないので……」等々、介護がうまくいかない原因はいろいろと思い当たるかもしれません。でもそれが、本当の原因でしょうか。もしそれが本当の原因だったら、確かにそれがなおれば問題解決するかもしれません。しかし、それは結構難しいことです。そこでおすすめしたいのが、「システム」というものの見方、考え方でした。

なぜなら、家族を「システム」としてみることで、原因と結果は必ずしも結びついていないと考えることができるからです。問題が続く悪循環になると原因も結果もなくなってしまうのです。始まりと終りがわからなくなるように。

②問題を抱えた本人に直接かかわらなくてもよい

「システム」を相手にしてゆくということは、必ずしも問題を抱えた本人だけを相手にしなくてはならない、ということを意味しません。要は「システム」を変化させることができればいいのです。そしてシステムを変化させる力を持つのは、「システム」のなかで一番困っている人なのであり、その人こそが、問題を動かす力を持っていると考えるからです。

介護の場面で、徘徊している高齢者自身が、徘徊で困っている家族をどうにかしようと思うでしょうか。あるいは、またどうにかできるものでしょうか。その困っている家族の渦中にいる高齢者自身は、さして困っていないというのがよくある話です。しかしながら、これまでの伝統的なアプローチでは、高齢者が変わらないことには始まらないと考えるので、高齢者が変わることが難しいという場面に対して、無力に近いものがありました。その点、「システム」という見方を取れば、本人ではなくても、困っている人を対象にしてゆけばいいわけですから、これは非常に画期的でかつ有効です。

③ 予測可能性を持つ。

一般システム論やサイバネティックス理論といった初期のシステムについての考え方（第1世代システム論とよんでいます）では、サイバネティックス理論のそもそもの成り立ちに代表されるように、砲弾の着弾地点と目標のズレを計測し、このズレが最小となるように修正を施し、いかに正確に目的地点に着弾させるか、ということがその出発点でありました［5］。人間関係においても、「システム」という見方を取ることで、これをこうしたらこうなる、という予測や方向性を持ちやすくなります。

［**参考文献**］

1――フォン・ベルタランフィ著／長野敬、太田邦昌訳『一般システム理論――その基礎・発展・応用』みすず書房、一九七三年

2――Hall, A.D. & Fagen, R.E. (1956) *Definition of System*. General Systems (Yearbook of the Society for the Advancement of General Systems Theory), 1, 18-28

3――長谷川啓三『家族内パラドックス』彩古書房、一九八七年

4――ポール・ワツラヴィック、ジャネット・ベヴン・バヴェラス、ドン・D・ジャクソン著、尾川丈一訳『人間コミュニケーションの語用論――相互作用パターン、病理とパラドックスの研究』二瓶社、一九九八年

5――若島孔文、長谷川啓三『よくわかる！ 短期療法ガイドブック』金剛出版、二〇〇〇年

あとがき

いかがだったでしょうか。本書の中身を一言でいうとしたら、それは「介護家族のコミュニケーション革命」であると、出版社の編集子に読み取っていただきました。ズバリです。少なくとも本書が力説したい大きな目的の一つです。

ご自分のお父様やお母様、または連れあいが、介護を必要とすることになったとき、残された家族にはどんな問題がおき、それにどう対処するべきか。早晩、お嫁さん、または奥さんがひとりでどうにかできる問題ではないことがわかるかと思います。現代日本の平均的な家族が、そのライフサイクルの最後のほうで直面する「介護」は、個人のライフサイクルではなく、まさに「家族ライフサイクル」の問題です。結婚に始まり、第一子の出生、子どものリービングホーム、子どもの結婚、三世代家族、そして連れあいの死や子供世代への依存といった出来事で構成される「家族ライフサイクル」。健康な家族は自然に家族内のあり方を変えていきます。私たち現代の日本の家族は、欧米とは異なり、当代のライフサイクルの終末の直前に、この介護という問題を抱えることになりました。そして、それは妻の、あるいは若嫁の仕事であるとして、伝統的な解決方法で問題に立ち向かおうとします。が、なかなか歯が立たないどころか、さらに新たな問題を生み出して悪循環となる。本書の執筆者たちはそれぞれに、この「介護」というものを現代日本の家族ライフサイクルに組み入れる必要を感じて、本書を編みました。それは日本の高齢社会化のもたらした新たな問題の一つだと考えています。

その介護を家族全体の問題として対処しようとする際、大きな指針となるのが、被介護者を含む家族内のコミュニケーションの取り方です。それが解決志向的なコミュニケーションであるということです。たとえば、尊厳を損なうことなく、認知症の人に受容的に接することを説く書物がよくありますが、それは個人療法的なスタンスによるものです。本書は、それを踏まえつつ、その立場を超えたものになっています。本書では、そうした受容を踏まえつつ、さらに積極的に「すでに解決している部分」に焦点を当てたコミュニケーションを家族で取る有効性を示しています。前者は真摯かつ現状に肯定的ですが、やや暗い家族内コミュニケーションに向いがちです。そこに比べ、本書で示すものは、明るく、ときに笑いを誘い、それほど多くはないですが、未来志向的な家族内コミュニケーションをもたらしてくれます。解決志向コミュニケーションは研究の領域を超え、執筆者らは自身の家族のなかで、日常的にその有効性を感じ取っています。

また介護を家族のライフサイクルの一つであると考えると、その危機を家族で乗り越えた後の成長も体験できるはずです。「危機後の家族成長」、そんな視点も本書は示したいと思います。本書の執筆者らは、家族心理学、家族療法を共通に学んでいますが、なかでも本書の編者でもある長谷川が、一九八六年に、国際的にはまだ知名度がほとんどなかったといってもよい、スティーブ・ド・シェーザーとインスー・キム・バーグを、米国ミルウォーキーから東北大学で開催された学会へ招聘しました。そして、彼らの、後にソリューション・フォーカスト・アプローチ（ＳＦＡ）と呼ばれる方法を熱心に紹介することになりました（彼らがまだ自費出版していたパンフレットに編者も依頼され執筆しています）。中心の概念であるエクセプションを「例外」として翻訳したことを、これで将来に日本語として熟したものになるだろうかと不安いっぱいで作業したことを、今でも鮮明に思い出します。以来、この方法は注目を浴び、日本では、スクール・カウンセリングや軽度の脳障害、また看護の領域で『解決志向の看護管理』（医学書院）としての出版や学会活動、さらに司法臨床の世界でも広がっています。また心理療法を超えて、選手育成や企業教育を含むコーチングの世界でも、「ブリーフコーチング」の名称で広がっています。これはインスーの最期の著書といってよいものです。また夫君のド・シェーザーの最期の公刊書といってよい『解決志向の言語学』も翻訳刊行することができました。また、編者らの日本での展開である「ソリューションバンク」という、いじめ自死への対策で工夫した社会システムを相手にした活動や非言語的な展開は、インスーとイボンヌ・ドランの『解決の物語』(金剛出版)に、優れた発展として紹介されています。

本書は、そうした彼らの方法を介護家族へ適用したもので、彼らが元気ならおそらく、プラスの評価をいただけるものになっているかと思います。本書では、この方法がかなり広範に及んだがゆえの、少なくとも二つの誤解——正しくは、短期療法(ブリーフセラピー)が家族療法と手をたずさえて出てきたものであること、また、解決志向アプローチを生み出したド・シェーザーらはブリーフセラピーが生まれたＭＲＩ研究所で学ぶ研究員であったこと——を指摘して読者に理解を求めています。

また井上勝也先生には、高齢者の徘徊行動のプラスの側面について行動科学的な視点から、ご寄稿をいただきました(研究ノート)。先生は徘徊は悪いことばかりではない、運動や骨粗鬆症予防に役立つ面があるので、たとえば「徘徊公園」といったものを作ったらどうかと東京都に提言をなさったことがあり、編者と共通したスタンスを日ごろから感じていて、ご寄稿をお願いした次第です。高橋恵里香さん、奥野雅子さんには執筆以外に連絡及び全体的なマネージメント役をお願いしました。また執筆から刊行までにやや時間を経た本書の現時点での見直し役を、佐藤恵子(東北大学)さんにお願いをいたしました。

本書の完成には、本文はもとより、イラストとコラムのご相談など、誠信書房編集部、松山由理子さんのお力が欠かせないものでした。心よりお礼を申しあげます。また本書の刊行について最初のご支持いただいた長林伸生さんにも、記して、お礼を申し上げます。

平成二十二年盛夏　日本心理臨床学会　東北大学大会の開催の年に

長谷川　啓三

な

は

ま

や

ら

わ

索引

あ

か

さ

た

◉執筆者紹介

長谷川 啓三［はせがわ・けいぞう］ **はじめに／コラム5**

奥付の編著者紹介参照

奥野 雅子［おくの・まさこ］ **第1章第1節／第4章第1節／コラム6**

2009年――東北大学大学院教育学研究科博士課程後期修了
現在――安田女子大学文学部心理学科准教授，博士（教育学），臨床心理士，薬剤師
著書――『カウンセリング心理学事典』（共著）誠信書房 2008，『現代のエスプリ別冊――臨床心理学入門事典』（共著）至文堂 2005

石井 佳世［いしい・かよ］ **第1章第2節・第4節／コラム3**

2006年――東北大学大学院教育学研究科博士課程後期単位取得退学
現在――志學館大学人間関係学部心理臨床学科・大学院心理臨床学研究科専任講師，博士（教育学），臨床心理士，家族心理士
著書――『現代のエスプリ別冊――臨床心理学入門事典』（共著）至文堂 2005，『現代のエスプリ457――臨床の語用論Ⅱ』（共著）至文堂 2005

三谷 聖也［みたに・せいや］ **第1章第3節・第5節／コラム4**

2010年――東北大学大学院教育学研究科博士課程後期単位取得退学
現在――愛知教育大学大学院教育学研究科学校教育臨床専攻専任講師，博士（教育学），臨床心理士，家族心理士
著書――『カウンセリング心理学事典』（共著）誠信書房 2008，『子どもたちとのソリューションワーク』（共著）金剛出版 2005

石井 宏祐［いしい・こうすけ］ **第2章第1節・第2節・第3節／コラム2**

2009年――東北大学大学院教育学研究科博士課程後期単位取得退学
現在――鹿児島純心女子大学国際人間学部専任講師，臨床心理士，家族心理士
著書――『現代のエスプリ別冊――臨床心理学入門事典』（共著）至文堂 2005，『現代のエスプリ457――臨床の語用論Ⅱ』（共著）至文堂 2005

花田 里欧子［はなだ・りょうこ］ **序章／第3章第2節／終章／コラム7**

2007年――東北大学大学院教育学研究科総合教育科学専攻博士課程後期修了
現在――京都教育大学教育臨床心理実践センター准教授，博士（教育学），臨床心理士，家族心理士
著書――『パターンの臨床心理学――G・ベイトソンによるコミュニケーション理論の実証的研究』風間書房 2010，『ナラティヴからコミュニケーションへ――リフレクティヴ・プロセスの実践』（共著）弘文堂 2008

布柴 靖枝［ぬのしば・やすえ］ **第3章第3節**

2010年――京都大学大学院教育学研究科博士課程後期単位取得退学
現在――東北工業大学ライフデザイン学部准教授
著書――『家族心理学――家族システムの発達と臨床的援助』（共著）有斐閣 2008，『子ども理解とカウンセリング』（共著）八千代出版 2005

石﨑 淳一［いしざき・じゅんいち］ **第4章第2節**

1998年――東北大学大学院医学系研究科障害科学専攻前期課程修了
現在――神戸学院大学人文学部・大学院人間文化学研究科教授，医学博士，臨床心理士
著書――『愛と性の尊厳――心豊かな思春期を送るために』（共著）アートヴィレッジ 2007，『高齢期の心理と臨床心理学』（共著）培風館 2007，『パーソンセンタード・ケア――認知症・個別ケアの創造的アプローチ』（監訳）クリエイツかもがわ 2007

髙橋 恵里香［たかはし・えりか］ **第3章第1節／第4章第3節／コラム1**

2004年――東北大学大学院教育学研究科博士課程前期課程修了
現在――東北福祉大学総合福祉学部兼任講師，社会福祉士，精神保健福祉士
著書――『学校ソーシャルワーク演習』（共著）ミネルヴァ書房 2010，『福祉科教育法の構築と展開』（共著）角川学芸出版 2007

井上 勝也［いのうえ・かつや］ **研究ノート**

1967年――早稲田大学大学院文学研究科心理学専攻修士課程修了
現在――駿河台大学大学院心理学研究科教授・筑波大学名誉教授
著書――『歳をとることが本当にわかる50の話』中央法規出版 2007，『高齢者の「こころ」事典』（編著）中央法規出版 2000

◉編著者紹介

長谷川啓三［はせがわ・けいぞう］

1951年————大阪に生まれる
1984年————東北大学大学院博士課程修了
現在————東北大学大学院教育学研究科教授・臨床心理相談室室長，教育学博士、MRI（Mental Research Institute）海外代表
著訳書————E・ジョージ『短期療法の展開——問題から解決へ』（共訳）誠信書房 1997,『ソリューション・バンク——ブリーフセラピーの哲学と新展開』金子書房 2005，S・ド・シェーザー『解決志向の言語学 ——言葉はもともと魔法だった』（訳）法政大学出版局 2000，他多数。

解決志向介護《かいけつしこうかいご》コミュニケーション——短期療法《たんきりょうほう》で家族《かぞく》を変《か》える

2010年10月30日　第1刷発行

編著者　長谷川啓三
発行者　柴田敏樹
印刷者　田中雅博

発行所　株式会社　誠信書房
〒112-0012 東京都文京区大塚3-20-6
電話 03(3946)5666
http://www.seishinshobo.co.jp/

創栄図書印刷　イマヰ製本所
検印省略

Printed in Japan
ISBN 978-4-414-40064-9 C3011

可能性療法
効果的なブリーフ・セラピーのための51の方法

ISBN978-4-414-40414-2

ビル・オハンロン／サンディ・ビードル著
宮田敬一・白井幸子訳

ミルトン・エリクソンの治療にもとづいたブリーフ・セラピーの一つである可能性療法は，クライエントとの協力関係を尊重し，問題の解決を目指している。過去よりも一未来に目を向け，失敗の経験よりも成功の経験に学び，悩む人は既に悩みを解決する能力をもっていると説く。クライエントに希望を与え，未来の可能性へと導く著者独自の短期療法である。

目　次

四六判上製　定価(本体1800円＋税)

アスペルガー症候群への解決志向アプローチ
利用者の自己決定を援助する

ISBN978-4-414-30624-8

E.V. ブリス／ G. エドモンズ著
桐田弘江・石川元訳

“変わり種だが使える” セラピストとその利用者（アスペルガー症候群当事者）が共同で執筆した極めてユニークな書である。問題点ではなく解決することに焦点を絞る解決志向アプローチで，両者に負担を強いる従来のやり方を180度転換する。自閉を抱えた人々にも有効な精神療法であり，「治療教育」（アスペルガー）の利用者最優先型ともいえる最新の思想にもとづく。さらに，実践のための資料として，面接評価シートや解決志向ワークブックも収録されている。

目　次

A5判並製　定価(本体2800円＋税)